数字出版实训教程丛书
张新华 总策划

本书受北京印刷学院学科建设项目"数字出版与传播协调创新平台建设"资助

Practical Training Course on Digital Publishing Operation

数字编辑运营实训教程

郑铁男 张新华 主编

知识产权出版社
全国百佳图书出版单位

图书在版编目（CIP）数据

数字编辑运营实训教程 / 郑铁男，张新华主编. —北京：知识产权出版社，2017.9
ISBN 978-7-5130-5166-8

Ⅰ.①数… Ⅱ.①郑… ②张… Ⅲ.①数字技术—应用—编辑工作—教材 Ⅳ.①G232-39

中国版本图书馆CIP数据核字(2017)第230720号

内容提要

本书是了解当代数字编辑运营现状和实战经验的一本全面而实用的教科书。通过作者在互联网行业、新闻出版行业深耕二十几年的跨界摸索和实践，不断探索和挖掘传统新闻出版广电行业在向新媒体转型的发展和诉求，总结出这本集理论知识和实操培训为一体的专业教程。希望本书能为转型中的新闻出版广电行业培养有互联网思维和实战能力的复合型人才提供详实的理论和实践指导。

责任编辑：彭喜英　张　珑　　　　　　　　　责任出版：刘译文

数字编辑运营实训教程
SHUZI BIANJI YUNYING SHIXUN JIAOCHENG

郑铁男　张新华　主编

出版发行：知识产权出版社 有限责任公司	网　　址：http://www.ipph.cn
电　　话：010-82004826	http://www.laichushu.com
社　　址：北京市海淀区气象路50号院	邮　　编：100081
责编电话：010-82000860转8574	责编邮箱：pengxyjane@163.com
发行电话：010-82000860转8101	发行传真：010-82000893
印　　刷：北京科信印刷有限公司	经　　销：各大网上书店、新华书店及相关专业书店
开　　本：720mm×1000mm　1/16	印　　张：16.75
版　　次：2017年9月第1版	印　　次：2017年9月第1次印刷
字　　数：240千字	定　　价：48.00元
ISBN 978-7-5130-5166-8	

出版权专有　侵权必究

如有印装质量问题，本社负责调换。

数字出版实训教程丛书
编委会

主　任　陈　丹
成　员　（按姓氏拼音排序）
蔡　超　陈建军　陈嫚莉　陈少志　程　天
董　宇　范世喜　冯宏声　冯明明　何　斌
柯积荣　李　超　李　清　李德升　李业丽
梁　杰　林　平　刘　焱　刘爱民　刘华群
刘颖丽　陆彩云　聂静磊　戚　雪　祁明亮
邱红艳　施勇勤　孙建伟　汪　洋　王　飚
王　豪　王　珅　王庚梅　王浩川　王金林
王京山　王颖中　隗静秋　吴　鹏　吴永亮
杨树林　于晓伦　余敬春　曾庆涛　张新华
张新新　张忠凯　赵翠丽　郑北星　郑　磊
朱国政　朱向梅

推荐序

魏玉山 | 中国新闻出版研究院院长

  铁男同志邀我为他即将出版的新著作序，我犹豫再三还是答应了。之所以犹豫，是因为我对数字出版技术知之甚少，作序容易露丑。之所以又答应，是因为数字出版产业发展非常迅猛，对数字编辑的数量要求之大、素质要求之高是超乎想象的，出版这样一部指导数字编辑学习的教程，对于培养高素质的数字编辑十分必要，写序以示支持、鼓励也是应该的。

  为了写好序言，我把本书的PDF版要了过来，想看完内容再下笔，结果是看完以后更难下笔了，因为书中的许多技术我看不懂的。让我谈谈数字出版产业政策、产业发展趋势等宏观问题，还可说出一二，如果谈对具体技术的看法，则一窍不通了。我想正是由于我看不懂，才体现了这部书稿的技术性、实践性、操作性。我相信这些我看不懂的技术并非故弄玄虚，因为铁男同志一直战斗在数字出版的前沿阵地，他是中国最早进入互联网企业的一批人之一，也是最早参与中国新闻网站建设的一批人之一，还是我国最早的电子书平台建设的一批人之一，他有关数字出版的知识、技术，不仅来自于书本，更是来自于源源不断、长期的实践。这部实训教程与一般的数字出版论著不同，他没有构建完整的数字出版理论体系，也没有介绍各种数字出版技术的源流，而是手把手地告诉你如何制作电子书、如何制作数据库、如何制作网页、如何使用最流行的软件等，所以他更像一本操作手册，读者可以一边看书一边按书的图文指示操作，书看完了，亲自动手制作电子书等技术也就学会了。

  近些年来，中国数字出版产业发展迅速，其表现：一是产业规模持续高速增长，从2006年开始进行数字出版产业统计以来，其年均增长速度长期在30%以上，不仅超过了出版产业的增长速度，也超过了许多新兴产业的增长速度；二是技术迭代非常快，新兴的数字产品层出不穷，新的服务模式不断涌现，既丰富着我们的阅读体验也刺激着传统出版的神经；三是各种类型的数字出版企业众多，不仅传统出版单位纷纷设立数字出版部门或公司，互联网巨头也无一例外地进入数字出版领域，其他各种数字出版企业更是不计其数。数字出版产业的快速发展需要数字出版人才的支撑，尤其需要大量的数字编辑。不仅数字出版企业需要数字编辑，各类互联网企业也离不开数字编辑，不管是生鲜电商，还是服装、电器类电商，还是各种服务类电商，以及各机构的网站，都离不开数字编辑，所以加快数字编辑培养已经不仅仅是满足新闻出版业的需要，而是成为发展中国数字内容产业、互联网产业的需要，是服务于中国"互联网+"经济发展的需要。

做一个合格的数字编辑，不仅技术上要有几把刷子，而且要有政治素养、文化素养、艺术素养等。这虽然不是本书所要解决的问题，但却是学习这本书的朋友们不能忽视的问题。

许丹丹| 前人民网（www.people.com）副总编辑、现拼多多高级副总裁

互联网、数字技术的出现，给社会带来了巨大的冲击。这种冲击和影响不但涉及人类社会信息传播模式的改变，还包括对人类信息传播、信息行为带来的深远影响。这种改变深刻地影响到未来新闻出版广电行业的人才培养和培养模式。我们到底需要什么样的"复合""跨界"人才，以及该培养具有何种素质和才能的人来推动这个行业的未来发展？这本书恰如其分为行业和相关院校提供了非常实用的知识和教程。

田玉成|中国网(www.china.com.cn)总工程师

和铁男共事已有十多年的时间，当时中国网就是由传统新闻出版集团向互联网传媒集团的成功转型，中国网由当初的十几名员工发展为400多人的集新闻采编与发布、网络直播、虚拟现实等为一体的互联网传播平台，国家五大重点新闻网站，成为中国最大的对外传播窗口。

铁男从英国进修归来后又去组建中国外文局（中国国际出版集团）信息

技术中心，负责集团ERP实施、新媒体平台建设，承担中国外文局由传统出版集团向新媒体传媒集团转型与实施的工作。他是一个名副其实的"跨界"人才。

贾向飞|58赶集(www.58.com)副总裁

　　时间真是过得飞快，我和铁男相识时他正在创办互联网搜索引擎——中搜网，转眼都快20年了。这些年，互联网行业高速发展，我们各自在这条高速路上，不知疲倦、满怀信心地寻找着发展的机会。每一个行业都有一些内在的痛，发现那些痛点，才有机会。我们做的事情口碑很重要，细节也很重要，不接地气就很难发现问题，尤其是创始人，很高兴他找到了这个行业的痛点。

自　序

　　写这本书的想法已经在脑海里盘旋了很久，可是迟迟没有动手落实。2016年是出版行业转型需求更加紧迫的一年，跟同行交流时也经常感受到目前符合企业转型需求的人才实在太少，或者说新闻出版机构因为常常找不到既了解互联网知识又有出版专业背景的人员而无法真正开展工作。同时，这两年应邀在多所大学担任数字出版课程的授课过程中，发现各院校也在积极调整教学思路，希望为在校学生提供更符合未来企业发展和社会需求的专业教育。然而，既从事过互联网又精通新闻出版广电的老师非常之少，又苦于没有一本全面的有关数字出版教育方面的教学参考书。记得2015年在北京印刷学院授课期间，下课后总有学生索要我授课的PPT文件，当时学校采购了我们公司开发的数字出版软件平台，用于理论结合实操让学生快速上手，据学校和学生们反馈非常有实效。

　　行业在变化，模式在改变，对相应工作岗位的需求也在变化。只有人才匹配才能更有效地推动行业转型。因此，要培养适应新媒体出版的复合型人才，所谓的复合型人才就是能将IT、互联网、数字出版标准与原本印刷在纸上的内容结合起来，设计符合读者需要的"互联网产品"。因此，我们邀请了行业专家参与本书编写，在此由衷感谢他们的大力支持。

　　数字编辑技术依托于互联网技术，是一个日新月异、不断推新的过程。我们在不断地与出版社、报社、电视台讨论、研究、修改数字产品。因此，本书的教学内容会随着技术的进步及时修改、添加或者删除相关的功能或技术内容，从而保证教学内容的持续更新。为此，我们采取"按需出版"的出版方式。

感谢大家为了我们共同从事并热爱的新闻出版广电事业所做的贡献，希望未来有更多的复合型人才加入这个行业，让它永葆青春活力！

目 录

第1章 数字编辑标准···············1
1.1 综述···············1
1.2 XML···············1
1.2.1 什么是XML···············1
1.2.2 XML的优势···············2
1.2.3 XML的语法···············2
1.2.4 XML元素···············2
1.2.5 XML命名规则···············3
1.2.6 XML的例子···············3
1.3 DTD···············4
1.3.1 什么是DTD···············4
1.3.2 DTD-元素···············5
1.3.3 DTD-属性···············5
1.3.4 DTD的例子···············5
1.4 标识符标准···············5
1.4.1 概述···············5
1.4.2 ISLI···············6
1.4.3 ISBN···············7
1.4.4 ISSN···············7
1.4.5 ISRC···············8
1.4.6 DOI···············8
1.4.7 ISNI···············8
1.5 图书在线信息交换标准···············9
1.5.1 概述···············9
1.5.2 主要内容···············9
1.5.3 ONIX的作用···············10
1.6 电子书系列标准···············11
1.6.1 概述···············11
1.6.2 核心术语···············12

1.6.3　主要内容 ·· 13
　1.7　MPR出版物国家标准 ··· 23
　　　1.7.1　概述 ·· 23
　　　1.7.2　主要内容 ·· 23
　1.8　新闻出版内容资源加工规范 ······································· 27
　　　1.8.1　概述 ·· 27
　　　1.8.2　核心术语 ·· 27
　　　1.8.3　主要内容 ·· 28
　1.9　工程和项目标准 ··· 32
　　　1.9.1　概述 ·· 32
　　　1.9.2　重大科技工程标准 ·· 32
　　　1.9.3　中央文化企业数字化转型升级项目标准 ······················ 34
　　　1.9.4　专业数字内容知识服务模式试点项目标准 ···················· 35
　1.10　中文新闻信息置标语言 ·· 36
　　　1.10.1　概述 ··· 36
　　　1.10.2　总体结构 ··· 37
　　　1.10.3　文档层结构 ··· 38
　　　1.10.4　稿件层结构 ··· 39
　　　1.10.5　内容项层结构 ··· 41
　　　1.10.6　元数据结构 ··· 42
　　　1.10.7　受控词表结构 ··· 43
　　　1.10.8　关系结构 ··· 44

第2章　运营平台系统 ··· 46
　2.1　概述 ··· 46
　2.2　在线商城 ··· 47
　　　2.2.1　概述 ·· 47
　　　2.2.2　首页 ·· 47
　　　2.2.3　资源 ·· 50
　　　2.2.4　音频 ·· 51
　　　2.2.5　专题 ·· 52
　　　2.2.6　礼品 ·· 53
　　　2.2.7　资源详情页 ·· 54
　　　2.2.8　购物车及支付功能 ·· 56
　　　2.2.9　个人中心 ·· 58

2.3 数字图书馆 ···62
2.3.1 概述 ···62
2.3.2 首页 ···62
2.3.3 用户注册/登录 ···63
2.3.4 搜索功能 ···64
2.3.5 申请借阅 ···64
2.3.6 我的资源 ···66
2.3.7 本周到期 ···67
2.3.8 过期资源 ···67
2.3.9 借阅历史 ···68
2.3.10 基本信息 ···68
2.3.11 修改密码 ···69
2.3.12 借阅消息 ···69
2.3.13 图书/期刊导航 ···70

2.4 知识数据库 ···71
2.4.1 概述 ···71
2.4.2 登录 ···72
2.4.3 资源展示 ···72
2.4.4 在线阅读 ···79
2.4.5 检索 ···80
2.4.6 镜像包下载 ···82

2.5 自助出版 ···82
2.5.1 概述 ···82
2.5.2 功能介绍 ···83
2.5.3 业务流程 ···83
2.5.4 特色功能 ···89

2.6 众筹出版 ···90
2.6.1 概述 ···90
2.6.2 功能介绍 ···90
2.6.3 主要业务流程 ···90

2.7 按需印刷 ···93
2.7.1 概述 ···93
2.7.2 功能介绍 ···94
2.7.3 主要业务流程 ···94
2.7.4 特色功能 ···101

2.8 书库商城 ··· 101
2.8.1 概述 ··· 101
2.8.2 功能介绍 ··· 102
2.8.3 出版热销/断版经典/独家特供 ··· 102
2.9 APP客户端 ··· 103
2.9.1 概述 ··· 103
2.9.2 智能手机及手机操作系统 ··· 103
2.9.3 APP开发意义 ··· 105
2.9.4 APP开发工具 ··· 106
2.9.5 天健自出版APP ··· 107
2.10 WWW网站 ··· 126
2.10.1 概述 ··· 126
2.10.2 相关概念 ··· 126
2.11 微信 ··· 128
2.11.1 概述 ··· 128
2.11.2 微信的版本 ··· 129
2.11.3 微信的基本功能 ··· 129
2.11.4 微信支付 ··· 130
2.11.5 微信公众平台 ··· 131
2.11.6 微信开放平台 ··· 132
2.12 微博 ··· 134
2.12.1 概述 ··· 134
2.12.2 微博的特点 ··· 134
2.13 微网站 ··· 135
2.13.1 概述 ··· 135
2.13.2 主要特点 ··· 136
2.13.3 技术标准 ··· 137
2.13.4 商业价值 ··· 137
2.13.5 功能模块 ··· 137
2.14 其他客户端 ··· 138
2.14.1 概述 ··· 138
2.14.2 结构模式 ··· 138
2.14.3 游戏客户端 ··· 139

第3章 媒体监测系统 ··· 140
3.1 概述 ··· 140

目 录

- 3.2 首页·················141
  - 3.2.1 个人信息···········141
  - 3.2.2 任务查看···········142
  - 3.2.3 最新公告···········143
  - 3.2.4 资讯库查询·········144
  - 3.2.5 历史监测统计·······144
  - 3.2.6 最新资讯···········145
  - 3.2.7 底部链接···········145
- 3.3 监测目标···············146
  - 3.3.1 创建任务···········146
  - 3.3.2 管理任务···········147
- 3.4 资讯预览···············149
  - 3.4.1 概览表·············149
  - 3.4.2 检索···············152
  - 3.4.3 图书榜单···········152
- 3.5 统计分析···············153
  - 3.5.1 统计概览···········153
- 3.6 简报周报···············155
  - 3.6.1 收藏夹·············155
  - 3.6.2 简报列表···········157
  - 3.6.3 创建简报···········158
- 3.7 搜索···················160
- 3.8 个人中心···············160
  - 3.8.1 个人信息···········160
  - 3.8.2 个人权限···········161
  - 3.8.3 重置密码···········161
  - 3.8.4 购买指南···········162
  - 3.8.5 缴费记录···········162
  - 3.8.6 站内信·············163

第4章 互联网产品开发···········164
- 4.1 概述···················164
- 4.2 需求分析···············164
- 4.3 产品设计···············165
- 4.4 项目管理···············165
- 4.5 产品原型图·············166

		4.5.1　基础页面……………………………………………166
		4.5.2　元件………………………………………………167
		4.5.3　交互事件…………………………………………184
		4.5.4　高级交互…………………………………………185
	4.6　业务流程图软件……………………………………………187
		4.6.1　流程图……………………………………………187
		4.6.2　Visio………………………………………………190
		4.6.3　Mindmap…………………………………………196
	4.7　写产品文档…………………………………………………202

第5章　大数据在出版行业的应用……………………………………205
	5.1　抓取…………………………………………………………206
		5.1.1　系统日志抓取方法…………………………………206
		5.1.2　网络数据采集方法…………………………………207
		5.1.3　自动抽词技术………………………………………214
		5.1.4　自动抽词……………………………………………215
	5.2　搜索…………………………………………………………216
		5.2.1　搜索与机器学习……………………………………216
		5.2.2　搜索和上下文………………………………………216
		5.2.3　搜索解决方案………………………………………217
		5.2.4　知识搜索和推理技术………………………………218
		5.2.5　知识搜索和推理……………………………………219
	5.3　自动分类……………………………………………………220
	5.4　自动摘要……………………………………………………228
	5.5　自动关键词…………………………………………………230

第6章　案例……………………………………………………………232
	6.1　新闻客户端…………………………………………………232
		6.1.1　石嘴山日报社设计手机APP………………………232
		6.1.2　来看手机APP………………………………………239
	6.2　图书商城网站………………………………………………241
		6.2.1　My books……………………………………………241
		6.2.2　24H图书商城………………………………………246
		6.2.3　麦书图书商城………………………………………248
	6.3　知识库网站…………………………………………………249

第1章 数字编辑标准

1.1 综述

国际上应用于数字编辑的标准主要有 XML（可扩展标记语言）、CNML（中文新闻信息置标语言）、EPUB（一种主流的流式文档格式标准）、PDF（一种主流的版式文档格式标准）、DC（Dublin Core，都柏林核心元数据）、ONIX（在线信息交换，一种描述、传递和交换出版物元数据的国际标准）等。

国内涉及的数字编辑标准比较多，达百余项，有针对出版行业的电子书标准，针对数字内容加工、存储的标准，专业数字内容知识服务的标准，还有针对新闻行业的 CNML 及出版重大科技工程项目标准，如数字复合出版工程标准、数字版权保护技术标准等。本书将对较常用和重点的标准进行介绍。由于标准的内容较多，在此只对标准的作用、关键术语和主要内容进行概要描述。

1.2 XML

1.2.1 什么是 XML

XML 是 Extensible Markup Language 的缩写，是由万维网联盟（W3C）定义的一种语言，称为可扩展标记语言。所谓"可扩展性"是指 XML 允许用户按 XML 规则自定义标记。

XML文件是由标记及它所包含的内容构成的文本文件，这些标记可自由定义，其目的是使得XML文件能够很好地体现数据的结构和含义。

1.2.2　XML的优势

XML的优势如下：

（1）以内容为焦点，主要用来存储和传输数据，区别于HTML主要用来显示数据；

（2）简化数据共享；

（3）基于内容格式的碎片化标引，可实现内容重组和智能检索；

（4）可作为各种电子书产品的底层文件，一次加工，多渠道利用。

1.2.3　XML的语法

XML的特点是将信息内容和它的显示样式区分：XML是用来描述数据的，其核心是数据的内容部分；内容显示是使用层叠样式表（CSS）或使用XSL变换。

XML具有很强的扩展性，允许用户自定义标记；XML有严格的语法规则，标记必须成对使用：① 所有XML元素都须有关闭标签。② XML标签对大小写敏感。③ XML必须正确地嵌套。④ XML文档必须有根元素。⑤ XML的属性值须加引号。

1.2.4　XML元素

XML元素指的是从（且包括）开始标签直到（且包括）结束标签的部分，可包含其他元素、文本或者两者的混合物。元素也可以拥有属性。

例1

\<book\>

\<part id="p001" \>

\<para\>\</para\>

</part>

</book>

在例1中，<book>和<part>都拥有元素内容，因为它们包含了其他元素。<para>只有文本内容，因为它仅包含文本。只有<part>元素拥有属性（id="p001"）。

1.2.5　XML 命名规则

XML命名规则如下：

（1）可以含字母、数字及其他字符；

（2）不能以数字或者标点符号开始；

（3）不能以字符"xml"（或者XML、Xml）开始；

（4）不能包含空格。

1.2.6　XML 的例子

例2

<?xml version="1.0" encoding="utf-8"?>

<book>

<dedication xml：id="q001" xmlns="http：//docbook.org/ns/docbook">

<title xml：id="q001.title"></title>

<para></para>

</dedication>

<part xml：id="p001" xmlns="http：//docbook.org/ns/docbook">

<part-info>

<title xml：id="p001.title"></title>

<title xml：lang="en"></title>

<title xml：lang="pinyin"></title>

```
<authorgroup role="">
<author role="">
<personname></personname>
</author>
</authorgroup>
<abstract>
<para></para>
</abstract>
<keywordset>
</keywordset>
<pagesnum role="bookpage"></pagesnum>
<pagesnum role="pdfpage"></pagesnum>
</part-info>
<para class="lk"></para>
</part>
</book>
```

1.3　DTD

1.3.1　什么是DTD

符合规范的XML再符合额外的一些约束，就称为有效的XML。额外的约束就是文档类型定义（Document Type Definition，DTD）。

DTD是一种定义标记语言的语言，在DTD中，可以定义XML文件使用的标记、属性和实体及它们之间的嵌套关系，DTD相当于XML的法律性文件，如果不满足DTD文件的约束，就不能称为一个有效的XML文件。

1.3.2 DTD-元素

在 DTD 中，XML 元素通过元素声明来进行声明。元素声明使用下面的语法。

<!ELEMENT元素名称类别>

或者

<!ELEMENT元素名称（元素内容）>

1.3.3 DTD-属性

在 DTD 中，属性通过 ATTLIST 来进行声明。

<!ATTLIST元素名称属性名称属性类型默认值>

1.3.4 DTD 的例子

例3

<!ELEMENT contents （#PCDATA | title | subtitle | authorname | paragraph | orderedlist | itemizedlist | picture | table | audio | video | footnote）*>

<!ATTLIST contents

istemplate CDATA #IMPLIED

sid CDATA #IMPLIED>

……

1.4 标识符标准

1.4.1 概述

标识符标准是一类基础标准，主要规定标识不同对象或实体的符号及其使用规则。我国出版行业对标识符标准并不陌生，最常用的国际标准书号 ISBN、国际标准连续出版物号 ISSN、中国标准录音制品编码 ISRC 都属于标识符标准。出版领域使用的标识符标准主要采标自 ISO/TC46/SC9 国际标准化组织信息与文献标准化技术委员会标识与描述分技术委员会。除上面提到的 ISBN、ISSN、ISRC 外，近几年我国又对国际标准名称标识符 ISNI、国际标准乐谱出版物号 ISMN、国际标准文本标识符 ISTC、国际标准视听作品编码 ISAN、国际标准数字对象唯一标识符 DOI 等标准进行了采标。《国际标准关联标识符》是我国提出提案并主导制定的国际标识符标准，2011年立项，2015年5月由 ISO 出版。ISLI 标准的国际注册中心由国际信息内容产业协会（ICIA）承担。下面就对几个核心的标识符标准进行简要介绍。

1.4.2 ISLI

ISO17316《国际标准关联标识符》（International Standard Link Identifier，ISLI）用于唯一标识信息与文献领域实体之间关联关系的标识符，是由我国提案并主导制定的国际标准，2015年5月由 ISO 正式出版，对应的国家标准《中国标准关联标识符》GB/T 32867—2016 于 2016 年 8 月发布实施。

ISLI 编码由十进制数字构成，分为三个字段：服务字段、关联字段和校验码字段。ISLI 编码结构见表 1-1。

表 1-1　ISLI 编码结构

服务字段	关联字段	校验码字段
六位数字	可变长度	一位数字

ISLI 编码在应用时，其构建关联的方式可以采用多种形式，如使用条码、RFID 等物理载体，或者使用 XML、RDF 等软件描述语言。ISLI 适用于信息与文献领域内的所有实体之间的关联。使用 ISLI 所建立的关联必须是稳定的。被关联的实体可以是实物，如纸质图书，也可以是数字化的信息资源，如文本、音频、视频文件；还可以是抽象的，如地理位置坐标、某个时间点，等等。

1.4.3 ISBN

ISO2108《信息与文献——国际标准图书编号》(International Standard Book Number，ISBN)在全球范围内用于标识图书，1970年成为国际标准，目前已在160个国家和地区广泛应用。我国于1986年采标发布GB/T 5795《中国标准书号》，2002年和2006年分别进行了修订。

ISBN编码由GS1前缀、组区号、出版者号、出版号、校验码组成，编号前面加字母ISBN，如ISBN 978-0-571-08989。

每一个独立的专题出版物都应分配一个ISBN，包括不同的版本、不同的文种、不同的产品形式等。ISBN一经使用就永远跟随所标识的出版物。

ISBN标识的范围包括印刷的图书和小册子；盲文出版物；出版者无意定期更新或无限期延续的出版物；地图；教学或学习用影片、录像和幻灯片；磁带和CD或DVD形式的图书（有声图书）；电子出版物［磁带、磁盘、光盘、网络出版物（离线或在线）］；印刷出版物的电子版；缩微出版物；教育或教学软件；混合媒体出版物（主要由文字材料组成）。

1.4.4 ISSN

ISO3297《信息与文献——国际标准连续出版物编号》(International Standard Book Number，ISSN)是一种连续性资源的唯一识别代码，以ISSN为标识符，标识对象主要为期刊、报纸、年度出版物等连续出版物。中国在1988年对该标准进行采标，发布国家标准GB/T9999《中国标准连续出版物号》。中国ISSN包括两部分：一是国际ISSN，由8位数字构成，分为出版物码-校验码；二是国内统一连续出版物号CN，它是国家出版管理部门分配给连续出版物的代号，以CN为前缀，由6位数字及分类号组成，举例如下：

$$\frac{\text{ISSN 1008-1798}}{\text{CN 11-3959/D}}$$

截止到2015年底，ISSN分配总量180万个，每年新增6万个。

1.4.5　ISRC

ISO3901《信息与文献——国际标准录音制品编码》（International Standard Recording Code，ISRC）是国际通用的录音及音乐录像制品的识别代码，1986年由ISO发布。ISRC编码分为四个部分，由12位数字和字母组成，按照"国家码-登记者码-登记年-制品码"的顺序排列组成，举例如下。

　　ISRC　　国家码-登记者码-登记年-制品码
　　ISRC CN-S05-12-31701

1989年，国际唱片业协会（IFPI）秘书处被ISO指定为ISRC编码的国际注册中心。至今，全球已有50个国家拥有ISRC编码的国家注册中心，管理其所在区域内ISRC编码的发放工作，包括美国、英国、阿根廷、澳大利亚、比利时、加拿大等。中国ISRC注册中心由中国版权保护中心承担。

1.4.6　DOI

ISO 26324《信息与文献——数字对象唯一标识符》（Digital Object Identifier，DOI）是一种永久性的逻辑标识符，唯一地标识数字对象，如文本、图片、声音、软件等，ISO于2012年发布国际标准。中国原国家新闻出版总署于2012年制定发布了新闻出版行业标准CY/T 82—2012《新闻出版数字资源唯一标识符》，是对DOI的非等效采用。

DOI由一个前缀元素和一个后缀元素组成，没有长度限制。前缀元素分配给一个特定的DOI注册者，后缀元素由该注册者提供给某一特定对象。DOI的编码是无意义的字符串。

1.4.7　ISNI

ISO 27729《信息与文献——国际标准名称标识符》（International Standard Name Identifier，ISNI）是用来标识数字环境下各种媒体内容参与者公开身份的代码。我国对该标准进行了采标，原国家新闻出版总署于2012年发布了行业标准CY/T 83《中国标准名称标识符》。

ISNI由16位数字组成，不含任何语义。一个ISNI只能分配给一个参与者的一个公开身份，同一参与者不同的公开身份应分别分配ISNI。

1.5 图书在线信息交换标准

1.5.1 概述

ONIX是图书在线信息交换（Online Information Exchange）的英文缩写，1999年由美国出版者协会提出，15个国家参与撰写，它是一种描述、传递和交换图书、连续出版物及各种媒体电子出版物元数据的国际标准。

ONIX的目标是使出版者能够将出版物信息迅速有效地传递到流通供应链各个环节，以促进产品销售。经过十几年的不断修改完善，ONIX已成为欧美地区的通用标准，日本、韩国也完成了本国的标准采用并即将投入使用，中国也对该标准进行了采标，相应的国家标准GB/T 30330《中国出版物在线信息交换图书产品信息格式规范》于2013年由国家标准化管理委员会发布实施。

所有的ONIX标准均基于XML，支持出版供应链参与各方对实体出版物和数字出版物元数据进行计算机之间的交流。有必要强调的是，ONIX本身并不是数据库，也不是一种应用软件，只是为数据库之间的数据交流提供了一种标准的方式，为组织数据储存提供了一种标准的XML技术模板。

1.5.2 主要内容

ONIX标准包括*ONIX for Books*（图书在线信息交换）、*ONIX for Serials*（连续出版物在线信息交换）、*ONIX for Publications Licenses*（出版许可在线信息交换）、*Licensing Terms & Rights Information*（许可条款和版权信息）等

多项标准。*ONIX for Books* 是第一个，也是目前在全球应用最广泛的ONIX标准。

ONIX标准每个版本的发布都会提供一个经过不断完善的核心文件——《图书产品信息格式规范》及其配套的不断升级的代码表，多样的XML工具（如XSD schema、RNG schema和DTD）及ONIX标准应用指南、长短标签转换工具和大型ONIX文件分解工具等也随着ONIX标准的发展可以在国际欧洲电子数据交换组织官网上下载。

ONIX标准看上去既庞大又复杂，原因在于它所需描述的产品太过复杂，产品元数据十分丰富，必须满足不同市场产品供应链中的不同生产商和经销商的不同需要。在核心文件《图书产品信息格式规范》里包括了消息描述部分和产品记录本身，其中产品记录的开始部分是一些记录元数据的元素（或称"管家"），其余部分由产品描述（数据块1）、产品营销（数据块2）、产品内容（数据块3）、产品出版（数据块4）、相关资料（数据块5）、产品供应（数据块6）六个数据块组成，每个数据块又包括了一个或一个以上的经过编号的数据组。其中数据块1~5只能出现一次，数据块6则可重复。

在一个完整的ONIX产品记录中，数据块1和数据块4最好能够出现，数据块6至少出现一次。换言之，一个完整的ONIX产品记录应该至少能够对产品进行描述，说明谁是出版者，并且针对一个或者一个以上的市场提供供应细节。在实际操作中，当发送一个完整的产品记录时，没有数据块2的情况非常少见，因为对于大多数采用ONIX标准交换数据的用户来说，丰富的营销附属内容的传递十分必要。当然，在持续更新时，ONIX产品记录可以仅对相应的数据块进行更新，而不用全部内容更新。

1.5.3　ONIX的作用

ONIX标准为出版供应链各方所发挥的作用是显而易见的。对于出版者而言，可以利用ONIX标准的信息交换格式，将丰富的产品信息轻松地发送到供应链各参与方，同时也有助于促进内部信息系统的优化，如用相同的核心数据来制作促销清单、书目及其他宣传促销材料。对于中下游供应链中的合作伙伴来说，ONIX标准可以让他们以更快的速度将最新产品信息上传到面向客户的服务系统中，既降低了数据制作成本，又减少了手动干预和潜在的出错风险。

经过长期实践，ONIX标准已成为世界范围内广泛应用的书业产品与贸易标准，极大地提高了书业供应链管理效益和信息共享程度，为出版物发行建立了国际通用的信息交换标准，解决了行业各机构间信息交换多种数据格式并存的困扰，因而得到欧美主要发达国家（如美国、英国、德国、荷兰、加拿大、法国、意大利、澳大利亚）及亚洲的中国、日本、韩国等20多个国家的大力支持和广泛采用。

1.6 电子书系列标准

1.6.1 概述

电子书系列标准是2010年为配合原国家新闻出版总署下发的《关于发展电子书产业的意见》，由全国新闻出版标准化技术委员会启动并组织制定的行业标准，主要是针对电子书内容和内容支撑服务的相关规范。电子书内容标准的制定工作组成员单位超过50家，涵盖内容提供商、数字加工商、发行商、硬件设备制造商、质量检测部门、科研院所等，涉及了电子书生产销售的全产业链。经过成员单位的提案和表决，确定了12项标准提案作为首批研制项目，2011年列入新闻出版行业标准制定/修订计划，开始立项制定行业标准。2014年为了配合原国家新闻出版总署质检中心承担的"打击假冒伪劣、打击侵权盗版"工作，增加了关于版权信息检测标准。电子书系列行业标准一共13项，涵盖了电子书出版、制作、内容传播全流程，既有体系表、术语、元数据等基础标准，也有行业标准电子书格式等技术标准，还有质量检测等方法标准。具体见表1-2。

表1-2　电子书系列行业标准

序号	标准编号	标准名称
1	CY/Z 25—2013	电子书内容标准体系表
2	CY/T 96—2013	电子书内容术语
3	CY/T 97—2013	电子图书元数据
4	CY/T 98—2013	电子书内容格式基本要求
5	CY/T 110—2015	电子图书标识
6	CY/T 111—2015	电子图书质量基本要求
7	CY/T 112—2015	电子图书版权记录
8	CY/T 113—2015	电子图书阅读功能要求
9	CY/T 114—2015	电子图书质量检测方法
10	CY/T 115—2015	电子书内容版权保护通用规范
11	CY/T 116—2015	电子书内容平台基本要求
12	CY/T 117—2015	电子书内容平台服务基本功能
13	CY/T 133—2015	电子图书版权信息检测方法

1.6.2　核心术语

（1）数字出版产品（Digital Publishing Products）：以知识信息为内容，以数字技术为手段，以数字产品形态或内容服务形式面向公众传播的文化产品数字出版产品（数字出版产品包括电子书和内容数据库等）。

（2）电子书（eBook）：通过相关设备直接呈现文字、图像、音频、视频等内容的数字出版产品。电子书包括电子图书、电子期刊和电子报等。

（3）电子图书（e-Book）：通过相关设备直接呈现文字、图像、音频、视频等内容，具有相当篇幅的专题数字出版产品。

（4）电子期刊（e-Journal）或数字期刊（Digital Journal，d-Journal）：通过相关设备直接呈现文字、图像、音频、视频等内容，一年出版一期以上（含一期）的连续性数字出版产品。

（5）电子报（Electronic Newspaper，e-Newspaper）或数字报（Digital

Newspaper，d-Newspaper）：通过相关设备直接呈现文字、图像、音频、视频等内容，以刊载新闻、信息或时事评论为主的连续性数字出版产品。

（6）内容数据库（Content Database）：按照一定逻辑组织并集合内容的数字出版产品。

（7）网络出版物（Network Publication）：以网络互联网或移动互联网为传播方式，通过相关终端设备直接呈现文字、图像、音频和视频等内容的数字出版产品（修改CY/T 50—2008，2.62）。

1.6.3　主要内容

1. CY/Z 25—2013《电子书内容标准体系表》

该标准提供了电子书内容标准化体系的层次结构和标准明细表，主要用于指导电子书内容制作、内容发布和内容管理等标准的制定、修订。

电子书内容标准体系由"A 电子书内容标准"和"B 电子书内容相关标准"两部分构成，均包括内容基础标准、内容制作标准、内容格式标准、内容传播标准和内容管理标准5个分体系，如图1-1所示。

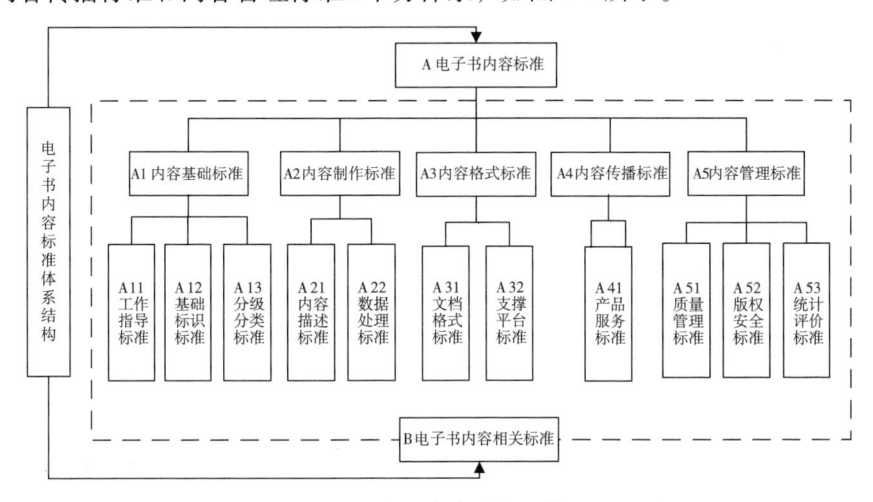

图1-1　电子书内容标准体系

2. CY/T 96—2013《电子书内容术语》

该标准规定了电子书内容常用术语和定义适用于电子书内容的信息

交换。

按照电子书的生命周期，电子书内容术语体系划分为5个部分，分别为内容基础术语、内容制作术语、技术规格术语、内容传播术语、内容管理术语，如图1-2所示。

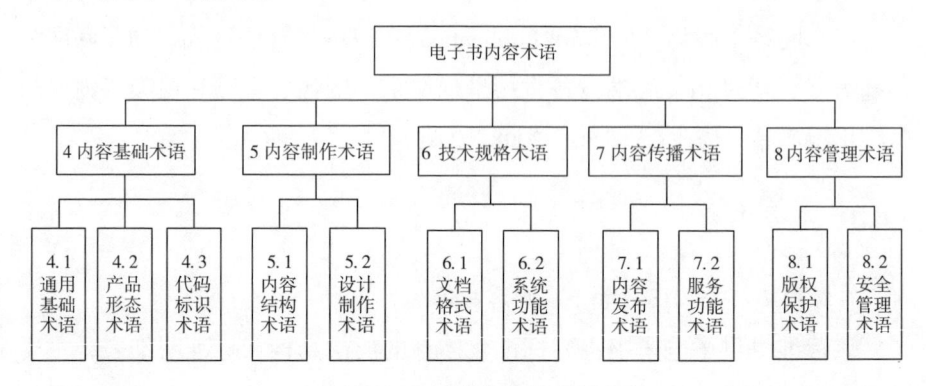

图1-2　电子书内容术语体系

内容基础术语又分为3类：通用基础术语、产品形态术语和代码标识术语，共43条。内容制作术语又分为2类：内容结构术语和设计制作术语，共73条。技术规格术语又分为2类：文档格式术语和系统功能术语，共27条。内容传播术语又分为2类：内容发布术语和服务功能术语，共32条。内容管理术语又分为2类：版权保护术语和安全管理术语，共40条。

3. CY/T 97—2013《电子图书元数据》

该标准规定了电子图书元数据的构成、元素和属性，适用于电子图书产品信息的交换与管理。

该标准规定了20项电子图书的核心元数据及定义，每项元数据元素由中文名称、定义、英文名称、元素标识、注释、数据类型、值域、约束条件等组成。20项核心元数据及定义如下。

（1）题名：赋予电子图书内容的正式名称。

（2）责任者：创作电子图书内容并负有责任的实体。

（3）责任方式：责任者与电子图书内容之间的责任关系。

（4）出版者：从事出版活动的专业机构。

（5）出版地：从事出版活动所在的地理位置。

（6）摘要：对电子图书内容的简要说明。

（7）语种：描述电子图书内容的文字种类。

（8）标识符：为电子图书分配的唯一标识。

（9）版本：同一出版者出版、同一载体、同一格式、内容相同的出版物。

（10）出版时间：电子图书首次出版的时间。

（11）类型：内容表现形式的特征。

（12）来源：对电子图书来源的描述。

（13）格式：对电子图书进行描述和封装的技术方法。

（14）权限：电子图书使用时的版权信息。

（15）学科分类：按相对独立的知识体系划分的类别。

（16）关键词：描述内容的主要词语。

（17）定价：出版者赋予电子图书的价格。

（18）制作者：从事内容制作的专业机构。

（19）制作时间：完成电子图书的日期。

（20）链接地址：可以获取电子图书的有效网络地址。

4. CY/T 98—2013《电子书内容格式基本要求》

该标准规定了电子书内容格式的基本要求，即规定了电子图书数字内容描述和封装的格式，具体包括如下内容。

（1）开放的格式：

① 格式标准和技术规范简洁实用，描述语言应易为用户认知和掌握。

② 无专利和许可的限制。

（2）开放的系统支持：

③ 可适用于通用的操作系统。

④ 应不依赖于特定的阅读软件。

（3）内容文档自包含：

⑤ 应呈现全部内容信息。

⑥应包括字体的字形描述信息或嵌入字体程序信息。

⑦应包括光栅图像、矢量图形、颜色信息等其他需要呈现的信息。

⑧呈现应不依赖于外部对象。

⑨当内容文档或内容文档中的部分信息由模拟源转换而来时，应有编码保存其重要属性的能力。

⑩文字型内容、图像型内容、视频型内容、音频型内容应采用可用于交换的通用格式。

（4）格式描述：

⑪应声明数字内容类型。

⑫应提供符合相关标准的元数据。

⑬应依据数字内容类型声明所遵循的格式标准和版本。

⑭应具有扩展性，可支持用户自定义元数据。

⑮应声明数字内容所采用的字符编码标准。

⑯应具备对数字内容进行解析的结构化信息和语义信息。

⑰应合理定义数字内容的信息存储结构和占用字节数。

⑱应支持文字、图形、图像、音频和视频等多种数字内容的封装。

⑲应支持数字内容完整性和功能性的校验能力。

⑳应支持数字内容格式更新和版本升级，并向前兼容。

㉑文档页面、章节、段落、字体、图形、色彩等静态呈现效果及音频、视频等动态呈现效果不宜受软硬件平台变化的影响。

（5）易于转换与阅读：

㉒应支持首页快速获取、任意页随机访问等。

㉓应支持目次，能够根据目次进行导航。

㉔应支持全文检索。

㉕应支持用户对内容文档添加书签及批注。

㉖应设置有效的容错机制。

㉗应符合自然阅读顺序。

㉘宜支持与其他通用格式的相互转换。

㉙ 宜支持数据子集的提取，如分割页面、提取文本串及图像等。

㉚ 宜支持屏幕的自适应。

（6）安全策略：

㉛ 应支持数字签名。

㉜ 应具备防范非法访问、非法操作、病毒侵害等安全保障措施。

5. CY/T 110—2015《电子图书标识》

该标准规定了电子图书标识的结构、显示、分配和管理。

电子图书标识的管理机构为中国 ISBN 中心，其具体负责电子图书标识的分配和管理。

电子图书标识由一个完整的中国标准书号（ISBN）和数据格式代码两部分组成。ISBN 遵循 GB/T 5795 相关规定，数据格式代码以小写英文字母表示。中国标准书号和数据格式代码之间以半个汉字空分隔。数据格式代码由中国 ISBN 中心发布。

电子图书标识应在首页和版权记录页同时显示。

电子图书标识的分配应遵守 GB/T 5795 相关规定，具有唯一性，对内容相同、不同产品形式的电子图书，应分配不同的电子图书标识；选取电子图书的某一部分形成单独出版的电子图书，应分配新的电子图书标识；电子图书内容改变较大，形成新的版本，应分配新的电子图书标识。

6. CY/T 111—2015《电子图书质量基本要求》

该标准规定了电子图书的必载要素、文字要求、编排要求和显示与播放要求，适用于电子图书编辑、制作与出版。

电子图书的必载要素包括：

（1）含有书名、作者、出版者、制作者、标识号的电子封面。

（2）符合 CY/T 112—2015 要求的电子版权记录。

（3）含有各章节完整标题的导航。

（4）完整的正文。

电子图书的文字要求包括：

（1）文字差错率小于或等于万分之一，无语法错误。

（2）标点符号符合GB/T 15834的相关规定。

（3）量和单位符合GB 3100、GB 3101、GB 3102的相关规定。

（4）数字符合GB/T 15835的相关规定。

（5）汉语拼音符合GB/T 16159的相关规定。

电子图书的编排要求包括：

（1）正文、标题、注释、辅文等的编排或显示格式应有区分。

（2）段落清晰，中文段首宜保留两个汉字空。

（3）编号的表达方式一致，且与内容对应准确，无缺失。

电子图书的显示与播放要求：

（1）电子图书的内容显示完整，格式符合CY/T 98的要求。

（2）文字显示字迹清晰，笔画连续，无断裂和缺块等现象。

（3）图片显示清晰周正，无倾斜，具有屏幕自适应功能；图片占位和色彩还原正确，色阶连续，层次丰富，对比适度，无污点、形变、轮廓黑边，无马赛克、图文重叠等错误显示。

（4）音频播放流畅，音量适当，音色饱满，无爆裂声、交流声和其他干扰噪声；双声道音频左右声道不错位，环绕声无声道混用和串扰现象；图片或视频伴音符同步或帧同步；码流≥44.1 kbits/s。

（5）视频播放流畅清晰，图像亮度、对比度、色彩饱和度和清晰度适宜，无抖动、重影、马赛克、中断现象；字幕同步关系准确，字幕文字差错率小于或等于万分之一；视频解压缩后，单帧图像分辨率≥320p×240p；隔行扫描的视频帧数≥24帧/s。

（6）导航可链接到章节正文。

7. CY/T 112—2015《电子图书版权记录》

该标准规定了电子图书版权记录的各类信息、记录要求与记录位置。

电子图书的版权信息包括标识、题名、著作权人、著作权形式、出版者、合作出版者、出版地、编辑加工者、制作单位、制作时间、版本号、容量、格式、版权登记号\合同登记号、语种、附属题名共16项。

电子图书的版权信息应在电子图书最前或最末的显著位置，并在索引中可查询。

8. CY/T 113—2015《电子图书阅读功能要求》

该标准规定了阅读电子图书时必备和可选功能以及性能基本要求。

电子图书必备的内容展示功能：

（1）能加载浏览，在产品推荐配置条件下，加载时间不超过3s；

（2）内容展示完整准确，无乱码；

（3）翻页方向能自定义；

（4）在产品推荐配置条件下，翻页响应时间不超过1s；

（5）阅读进度能显示页码或百分比；

（6）支持跳转功能，能按用户需要自当前页跳至目标页，在产品推荐配置条件下，跳转响应时间不超过3s；

（7）以流式内容为主的电子图书能更改字号，至少支持宋体、仿宋、黑体和楷体，支持中文简体、英文、简繁体及中英文混排方式；

（8）图片能放大或缩小；

（9）系统能自行记录阅读位置，并在下一次文档打开后自动跳转至该位置；

（10）能自定义并管理书签。

电子图书的必备检索功能：

（1）具备检索功能；

（2）在产品建议推荐配置条件下，检索响应时间不超过3s。

电子图书必备的辅助功能：

（1）查看下载历史记录；

（2）用户帮助功能。

电子图书必备的系统功能：

（1）所有提供的功能能正常使用；

（2）支持 TXT、PDF、EPUB、CEBX 等主流格式，支持 BMP、JPG、PNG、GIF 等主流图片格式，支持 mp3、wav 等主流音频编码格式，支持 MPEG4、H.264 等主流视频编码格式；

（3）支持在线浏览和更新。

9. CY/T 114—2015《电子图书质量检测方法》

该标准规定了电子图书的质量要求、检测流程和检测方法，适用于电子图书加工制作、应用和检测。

电子图书质量由有效性、准确性和完整性3个要素构成。有效性是指电子图书应能通过相关软件及系统读出，不允许出现数据损坏、异常报错、无法打开等差错。读出的数据应准确，不允许出现编码混乱、图像失真、关联关系无效等无法使用的差错。完整性是指电子图书内容应必备封面、版权信息和正文。

10. CY/T 115—2015《电子书内容版权保护通用规范》

该标准规定了电子书内容版权保护的保护功能、保护技术、用户及设备管理要求，适用于电子书内容版权保护功能的设计、研发和应用。

电子书内容版权保护技术要求包括：

（1）电子书内容格式宜遵循现行标准，并考虑市场的通用性、兼容性。

（2）电子书内容许可证应规定用户对加密的电子书内容的使用行为。

（3）应支持电子书内容全文加密或部分加密，以密文的方式流通；确保内容的完整性和不可篡改性；许可证与电子书密文宜分开打包和分发。

（4）内容授权分发：应建立许可证和电子书内容的关联关系。授权的方式应同时支持在线和离线授权，许可证的发放时间应与电子书内容分发时间无关；并支持许可证的更新、撤销。

电子书内容分发时间宜独立于许可证的发放，宜支持多种电子书内容在统一授权下批量分发。宜支持电子书内容提供者对分发后的再次分发进行控制，如对销售量、销售时间等的控制；应选择能够支持电子书内容和授权分发的安全信道，或在非安全信道下采用安全协议。

（5）用户及设备使用控制：对用户身份或用户身份组进行唯一标识，支持用户注册、注销、身份验证。应支持设备注册、注销、身份验证，使设备拥有自己的ID、证书等。可对同一用户账号的设备数量进行限制。用户可选择关联到自己账户的设备。可在线或离线注册或删除设备。内容许可证与用户账户关联，相应内容可被该用户被许可的所有设备共享。应建立电子书内容、许可证、设备、域的相互关联关系。应支持域注册、注销、身份验证，使域拥有自己的ID、证书等。宜支持域内共享，如许可证一次申请后即可在域内的多台设备和多个用户间共享内容、域内用户免费使用域内其他用户或设备订购的内容等。应支持域的管理策略，如限制域内的用户数量、设备数量。应支持本地或远程的域管理。

11. CY/T 116—2015《电子书内容平台基本要求》

该标准规定了电子书内容平台的基本业务逻辑、运营服务和运营保障服务的基本要求，适用于电子书内容平台的建立与运营。

电子书内容平台基本要求包括运营服务要求和运营保障服务要求。

运营服务要求包括内容服务、交易服务、用户服务三个方面。

(1) 内容服务包括如下项目。

内容采集：应提供内容采集通道，方便内容提供者提交电子书元数据、版权数据及全文，并保存提交记录。

内容审核：应对电子书内容进行审核，审核内容包括元数据、书目信息、封面、正文和格式，并保存电子书内容审核记录。

内容发布：应对审核合格后的电子书进行发布管理并保存发布记录。

内容维护：应对内容变更进行维护并保存维护记录。

内容使用：应提供电子书内容的浏览、阅读及检索等功能。

版权保护：应符合CY/T 115《电子书内容版权保护通用规范》的规定。

(2) 交易服务：可提供电子书定价、订购、租借、授权、支付等功能，并保存相应的操作记录。

(3) 用户服务包括如下项目。

账户管理：应提供个人账户和机构账户管理。

通知服务：应提供通知提醒服务。

信息查询：信息查询服务包括账户查询、交易和使用记录查询、电子书信息和销售信息查询、各类监控和记录信息查询。

运营保障服务要求包括安全保护等级要求、安全防护要求和应急措施要求。

（1）安全保护等级：信息系统安全保护等级应符合 GB 17859—1999 的相关规定。

（2）安全防护：安全服务应具有 GB/T 20271 相关规定的功能。

（3）应急措施：包括数据异常时的分析处理方案、软硬件故障的处理方案、停电、网络中断等问题的处理方案、数据恢复方案。

12. CY/T 117—2015《电子书内容平台服务基本功能》

该标准规定了电子书内容平台运营时的内容、交易、用户及安全等服务的基本功能要求，适用于电子书内容平台的运营服务。

电子书内容平台的服务功能主要包括内容服务、用户服务和交易服务3个方面。

（1）内容服务基本功能又包括内容管理和使用管理。

内容管理要求支持在线采集；支持文字、图片、音频、视频等内容管理；支持分级审核；支持内容发布控制；具备更新和修改等功能；可发布到不同的数字终端。

使用管理要求支持分类导航与浏览；支持电子书陈列；支持在线阅读或离线阅读；具备数字版权保护技术手段；具备检索功能；可管理笔记、书签、批注；可设置字体大小；可提供语音朗读；可提供多终端同步阅读；具有评论及其管理功能。

（2）交易服务基本功能包括订购管理、授权管理和支付管理。

订购管理要求支持定价、折扣和促销管理；支持订单管理；支持退换货管理。

授权管理要求支持使用时间、终端、IP 地址和使用数量等管理。

支付管理要求可支持线下支付或在线支付。

（3）用户服务基本功能包括账户管理、通知提醒、信息查询。

账户管理要求支持用户注册与身份审核、登录与登录验证及用户权限和角色管理等。

通知提醒功能要求支持销售、结算、发货、续约及相关信息的推送或提醒管理。

信息查询要求支持用户账户、订单、交易、结算等信息的查询；支持内容上传记录、审核记录查询；支持交易记录查询；支持统计与分析数据查询。

13. CY/T 133—2015《电子图书版权信息检测方法》

该标准规定了电子图书版权信息的检测方法和流程。

版权信息检测流程包括打开电子图书、查找版权信息和检测版权信息。

版权信息的差错包含：

（1）无版权信息；

（2）版权信息所在位置不显著、不易查询；

（3）必载信息有缺失或未填项；

（4）信息记录有差错；

（5）其他未按 CY/T 112—2015《电子图书版权记录》要求记录的现象。

1.7 MPR出版物国家标准

1.7.1 概述

MPR出版物是以MPR码将音频、视频等数字媒体文件与印刷图文关联，实现同步呈现，满足读者视听需求的一种复合形态出版物。由MPR书报刊等印刷品、音视频等数字媒体文件和使二者建立精确关联的MPR码组成。

GB/T 27937《MPR出版物》国家标准于2011年发布，分为5个部分：分别规定了MPR码的编码规则，MPR码符号，MPR出版物的制作规范，印刷质量要求，以及MPR码的注册、申领、发放等规范。

1.7.2 主要内容

1. GB/T 27937.1"MPR出版物第1部分：MPR码编码规则"

该部分规定了MPR码的编码规则，适用于MPR码的编制。

MPR码是16位十进制数字，由前置码、后置码、校验码三个部分组成。前置码共10位数字，自左至右位于16位十进制数字MPR码的第1～10位。后置码共5位数字，由页序号和文序号组成。页序号共3位数字，对应标识使用页面的页码，在001～998之间取值。文序号共2位数字，应按顺序编排，在01～99之间取值。校验码共1位数字，用以校验MPR码传输过程中是否出现误码。

MPR码在使用时又分为总领属码、单元领属码、正文码、辅文码、版本切换码、功能切换码和其他码。

2. GB/T 27937.2"MPR出版物第2部分：MPR码符号规范"

该部分规定了MPR出版物使用的MPR码符号的结构、数据编码、符号生成方法和符号的质量等级，适用于MPR码符号的生成、识别和质量等级判定。

MPR码符号是一种矩阵式二维码，具有可供自动识别的独立定位功能。MPR码的符号结构如图1-3所示。

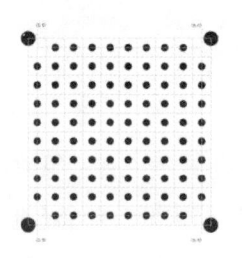

图1-3　MPR码的符号结构

MPR码的符号由均匀排列的96个码点或空和4个定位点组成，定位点的模块尺寸为码点模块尺寸的2倍。码点表示二进制数1，空表示二进制数0。MPR码的符号可表示96位二进制数，对应12个8位二进制数字。

3. GB/T 27937.3"MPR出版物第3部分：通用制作规范"

该部分规定了MPR出版物的制作规范，对MPR出版物的制作和出版具有规范和指导作用。MPR出版物的基本构成要素为MPR书报刊、MPR数字媒体文件和使二者精确关联的MPR码。MPR书报刊是MPR出版物的主体，它是以常规印刷方式将图文和MPR码符号印制于页面上的书报刊。MPR数字媒体文件是经过与MPR书报刊内容关联处理的声音、图形、图像等数字媒体内容的集合文件，该文件通常通过互联网发布，读者可以下载该文件，通过相关设备，在点读MPR书报刊时播放该数字媒体文件中与点读MPR码符相关联的声音、图形、图像等内容。

MPR出版物应使用统一的出版物标识，以区别MPR出版物和其他出版物。MPR出版物图形标识和字符标识如图1-4、图1-5所示。

图1-4　MPR出版物图形标识　　图1-5　MPR出版物字符标识

MPR出版物封面上必须印有图形标识，其他位置由出版者视具体情况自行确定。总领属码应排印在封面、封二、书名页等位置。在设计MPR书报刊页面时，要对关联MPR数字媒体文件的点读位置进行设计，编制脚本，并使用相关排版工具进行铺码制作。单元领属码应排印在单元（章、节）首页位置，辅文码、正文码应排印在该段图文所在的位置，版本切换码、功能切换码宜排印在设置此排码需求的版面的明显位置（页面的上部等），其他码应排印在使用该码的相应位置（如版权页等）。MPR码符号的排版分为铺底方式和嵌入方式两种。MPR码点和定位点必须使用阶调值为100%的黑色含碳油墨（K版）印制。

该部分还规范了MPR数字媒体文件的制作和命名。

4. GB/T 27937.4 "MPR出版物第4部分：MPR码符号印制质量要求及检验方法"

该部分规定了MPR码符号印制质量要求及检验方法，适用于MPR码符号的印制与质量检验。

MPR书报刊须使用平版印刷工艺印刷，对平版印刷设备无特殊要求。

纸张选择应符合要求：实地密度为0.04~0.1；透射率<0.06；表面粗糙度为3.2~5.6μm。油墨中不得添加调墨油、冲淡剂、白油、去黏剂等辅助剂。单色印刷时，应对试印样检查合格后，方可进行批量印刷。彩色印刷时，应先单独使用K版（含碳黑版）试印校机，检查合格后再与其他颜色叠印。彩色印刷时应将MPR码版调整为最后色序。

MPR码符号印刷应达到以下质量要求。

（1）码点形状：近似圆形，无明显的空心、重影和变形。

（2）码点大小：直径（50±20）μm，饱满，无缺失。

（3）含碳黑色实地密度：应符合CY/T 5—1999中4.1.1节精细印刷品的质量要求。

（4）实地密度允许误差：应符合CY/T 5—1999中4.6.1节的要求。

（5）印张版面无明显杂色和污染。

印制质量应达到GB/T 27937.2"MPR出版物第2部分：MPR码符号规范"表2中的4（A）级，符号对比度、印制增量和轴向不一致性应不低于1（D）级。

5. GB/T 27937.5"MPR出版物第5部分：基本管理规范"

该部分规定了MPR出版物编码和数字媒体文件的基本管理规范，适用于MPR出版物的出版管理。MPR出版服务机构的设立须经国家出版行政管理机构核准，中国MPR注册中心承担机构为中国音像与数字出版协会，2012年由原国家新闻出版总署批准筹建，于2014年正式成立。

中国MPR注册中心负责MPR编码的发放和管理。每一个独立发行的MPR出版物均应申请前置码。MPR码前置码的申请者必须是正式出版单位。

MPR出版者申请MPR码前置码时，应向MPR出版服务机构提供以下有效出版物登记数据和内容信息：出版单位、出版物名称、ISBN或ISSN和刊期等、预计分卷和页数、预计出版时间、关联的媒体形式、其他应包含的事项。为保证MPR码前置码资源的有效利用，MPR码前置码自发放之日起至该出版物正式出版期限为4个月。

与MPR出版物配套的数字媒体文件属MPR出版物不可分割的组成部

分，是MPR出版者必须向读者提供的出版内容。为保证MPR出版物读者权益，出版者发布的MPR数字媒体文件只可根据出版者需要进行修改或更换，但不可以撤销。

1.8 新闻出版内容资源加工规范

1.8.1 概述

2014年1月29日，新闻出版行业标准CY/T 101《新闻出版内容资源加工规范》由国家新闻出版广电总局正式批准发布实施。该系列标准旨在满足资源拥有方、资源加工方、资源使用方的共同需求，使各出版单位和加工公司都按照统一规范进行数字内容资源的结构化加工，为数字资源的利用共享创造条件。该标准包括10个部分：加工专业术语、数据加工及应用模式、数据加工规格、数据加工质量、资料管理、数据管理、数据交付、图书加工、报纸加工和期刊加工，涵盖了内容资源数字化加工的全流程，对规范出版单位内容资源数字化加工具有重要指导作用。

1.8.2 核心术语

（1）新闻出版内容资源（Press and Publication Content Resource）：
新闻出版领域内任意形式、任何粒度的内容及其他有价值的资源。

（2）内容加工（Content Processing）：将大量分散、凌乱、无序的内容资源进行整理、提炼，并按照一定的逻辑顺序和科学体系加以编排，使之系统化的活动。

（3）数字化加工或数字化处理（Digital Processing）：针对纸质出版物、表单、公文、档案文献等，通过专业化的解决方案，加工成PDF、HTML、TXT、DOC、XLS等多种可编辑的电子文件格式的活动。

（4）版式文件或版式文档（Fixed-layout Document）：排版后生成的，包含版面固化呈现需要的全部数据的一种文件。

（5）流式文件或流式文档（Reflowing Document）：按照内容逻辑顺序，内容呈现可适应终端设备屏幕或窗口变化的一种文件。

（6）单层图像版式文件或图像版式文件（Imaged Fixed-layout Document）：通过扫描方式，生成与原加工对象版式完全一致的图像文件集合，并打包成独立完整的可浏览的数字版式文件（含书签信息及书签信息和版式文件页面之间的链接关系）。

（7）双层矢量化版式文件或双层版式文件（Vectorized Dual-layer Fixed-layout Document）：在单层图像版式文件基础上，同时生成与图像层对应的透明字体模式的文字层，可支持选取、复制和查找的版式文件。

（8）单层矢量化版式文件或矢量版式文件（Vectorized Fixed-layout Document）：按照原加工对象的文字位置，文字采用矢量字，修饰性图片、艺术字、底纹、线条、图表和公式等以图像形式显示的版式文件。

1.8.3 主要内容

1. 第1部分：加工专业术语

该部分界定了新闻出版内容资源加工中涉及的相关术语和定义。

新闻出版内容资源加工专业术语共分为5类：加工通用术语，加工对象术语，流程、工艺和信息安全术语，数据规格和质量术语，数据交付术语。

加工通用术语包括基础术语、文字术语和符号术语，共21条。加工对象术语包括基本类型术语、内容结构术语、物理原件术语、装订保存术语，共110条。工艺和信息安全术语包括加工流程术语、加工工艺术语、加工设备术语、信息安全术语，共29条。数据规格和质量术语包括元数据术语、分类标引术语、数据格式术语、数据备份术语、数据质量术语，共95条。数据交付术语包括数据提交术语、数据服务术语，共15条。

2. 第2部分：数据加工与应用模式

该部分规定了内容资源数据加工等级、数据加工应用模式和数据加工与应用模式的关系等方面的要求。

根据新闻出版内容资源数据加工流程的复杂性划分为内容索引级、全文基础级、全文标准级、结构化基础级、结构化复杂级、版式基础级、版式重构级和版式复杂级。新闻出版单位可根据实际应用需求采用不同的数据加工处理等级和方式。数据加工的应用模式包括面向长期保存、面向一般电子书应用、面向高品质电子书应用和面向内容数据库应用等。

3. 第3部分：数据加工规格

该部分规定了新闻出版内容资源数字化成品数据的构成与加工规格等方面的要求。

各类出版物经数据加工处理后的成品数据必须是符合最终质量和存储规范的数据文件集合，通常包括元数据集、图像文件、内容结构化文件、公式、插图、表格、广告和生僻字等对象数据文件、流式文件、版式文件等。

各类成品数据所采用的文件存储格式应遵循具有普遍认可、成熟应用的原则或采用符合国际标准、国家标准或行业标准的数据文档格式。各类成品数据应符合相应的命名和存储规则。成品数据中的字符宜采用 GB 18030 字符集，编码方式采用 UTF-8。

4. 第4部分：数据加工质量

该部分规定了新闻出版内容资源数字化加工的数据质量结构和要求、质量准确性评定和质量检测报告等方面的要求。

数据质量包含数据的完整性、规范性、有效性和准确性，应先评定成品数据的完整性、规范性和有效性，在这3个方面均符合质量要求后，再评定成品数据的准确性。

完整性包括类型完整、内容完整、质量管理文档完整。规范性包括数据格式规范、数据文件命名规范、数据存储规范。有效性是指成品数据应能通过相关软件及系统读出，不允许出现数据损坏、异常报错、无法打开等错误。读出的数据应完整，不允许出现编码混乱、图像失真等无法使用的错误。成品数据的质量准确性应与数据加工的要求保持一致，包括文字准确性、图像准确性、内容结构化准确性、版式文件准确性、流式文件准确性。

5. 第5部分：资料管理

该部分提出了新闻出版内容资源加工资料的移交、使用、保存和归还等方面的要求。

资料整理是对待加工的新闻出版内容资源的所有物理件、用于印刷制版并存档的原始排版数据文件或存档胶片等逐件进行分类、核对、检查、登记等的过程。资料整理应形成规范完整的清单。委托方将资料登记清单所列资料移交加工方，加工方清点、核对并接收资料，双方签署资料移交单。为避免物理件在加工过程中出现损坏或遗失，应指定专人管理资料，使用扫描图像替代物理件，禁止私下转调。资料保存要求存放地点应相对独立，并远离火源、水源及其他危险物品；保存在多层木质或金属架上，存放架最低层距地面应大于20cm；保存区域内应避免阳光直射，温度控制在15～30℃，湿度控制在20%～50%；保存区域内应放置驱虫、驱鼠、灭火等装置；保存区域内应保持清洁、整齐。

6. 第6部分：数据管理

该部分规定了新闻出版内容资源数字化加工中的数据交接、数据类型、数据命名、数据管理和数据安全管理等方面的要求。

数据命名应清晰准确地反映数据的内容、状态及版本等信息，包括唯一ID号码、处理数据的环节编号、处理数据的版本编号以及本环节完成的日期及时间。基础数据离线存储1～2备份并长期保存，也可用于覆盖恢复出现问题的在线存储基础数据。应确保离线存储备份数据的有效性和安全性。过程数据除集中在线存储，还应在相应的数据加工设备内保留备份。修改过程数据时，应同时更新覆盖2份备份。成品数据离线存储1～2份备份并长期保存。应确保离线存储备份数据的有效性和安全性。

7. 第7部分：数据交付

该部分规定了新闻出版内容资源数字化加工中的数据交付管理保障体系、交付管理基本流程、交付目标与需求管理、成品数据交付、交付成果物、交付过程持续改进和数据维护服务等方面的要求。

交付管理是对从数据加工开始到成品数据交付完成的全过程进行管理，交付管理各个主要阶段的目标和成果物包括：

（1）确定数据加工团队及职责，形成相应的管理文档；

（2）确定交付目标及需求，形成加工需求文档，在需求发生变化时及时更新；

（3）确定质量管理方针，形成质量管理办法文档，明确数据质量要求、检测方法、返工流程等，质量管理应根据质量改善情况持续更新；

（4）确定并验证生产工艺，形成数据加工工艺文档，在需求发生变化时及时更新；

（5）确定作业指导书，根据生产工艺编写各环节的作业指导书文档，包括加工规则、操作方法和操作技巧等内容，当工艺发生变化时及时更新；

（6）制订生产实施计划，形成生产计划文档，明确生产阶段和目标；

（7）在生产实施过程中，每周形成生产周报文档，汇总阶段产能和质量情况，分析与生产计划的偏离情况及改进方法等；

（8）阶段/整体交付，形成项目交付报告，汇总交付数据的基本情况，包括交付量、交付日期和双方交接信息等。

8. 第8部分：图书加工

该部分规定了图书加工的成品数据、数据验收和维护等方面的要求。

图书成品数据包元数据集、图像数据、内容结构化数据、对象数据、版式文件数据、流式文件数据。元数据集包含图书基本元数据、目次元数据、文章元数据、单页元数据、作者元数据、附件元数据、管理元数据、参考文献元数据和脚注元数据等。图像数据的加工范围包含从封面至封底所有页面，每页为一个图像文件。内容结构化数据的加工范围至少应包含文章元数据和正文内容，其他项可选。对象数据包括图像类对象数据和结构化或矢量化对象数据，以图像方式加工的对象数据包含插图图片、公式图片、表格图片、广告图片、生僻字及特殊符号图片。其中，生僻字图片采用GIF格式存储。其他图像类对象数据采用JPG格式存储。

9. 第9部分：报纸加工

该部分规定了报纸加工的成品数据、数据验收和数据维护等方面的要求。

10. 第10部分：期刊加工

该部分规定了期刊加工的成品数据、数据验收和维护等方面的要求。

1.9 工程和项目标准

1.9.1 概述

工程项目标准是国家新闻出版广电总局通过重大科技工程、转型升级项目，促进出版与技术融合、推动行业转型升级，所产生的新的标准层级，是出版领域标准化工作的机制创新之举。主要包括数字版权保护技术研发工程、国家数字复合出版系统研发工程、中华字库建设工程等重大科技工程，以及央企技术改造项目等。

1.9.2 重大科技工程标准

《新闻出版业"十一五"发展规划》提出："通过实施中华字库建设工程、国家数字复合出版系统研发工程、数字版权保护技术研发工程等国家重点工程，进一步推进数字出版发展进程，提高新闻出版业信息化水平，加快传统新闻出版产业向现代内容产业的转变，在新世纪国际数字内容产业竞争中，占得先机和主动地位，为中国出版和中华文化走向世界奠定坚实的基础。"《新闻出版业"十二五"时期发展规划》再次明确把"中华字库建设工程""数字版权保护技术研发工程""国家数字复合出版系统研发工程""国家知识资源数据库工程（一期）"列为新闻出版科技创新工程。"十二五"期间，上述四大科技工程项目均已启动并取得阶段性成果，四大工程的研发任务都包括工程标准，既是工程研发的基础和支撑，也可以作为工程成果，未来服务于行业发展。

"中华字库建设工程"于2011年启动，其工程标准任务包括基础类、资源类、文字整理类、编码与字库类、工程技术类、工程管理类，共40余项。

"数字版权保护技术研发工程"的工程标准包括管理类、基础类、数据类、协议接口类、安全类5大类25项标准，2014年底全部完成。2015年2月3日，国家重大科技项目管理办公室发布了《关于批准发布数字版权保护技术工程〈标准编制指南〉等25项工程标准的通知》，通知明确25项工程标准经审核通过，开始实施。

"国家数字复合出版系统研发工程"的工程标准包括基础、数据、方法、技术、测试、服务和管理7类共38项，以及开发接口类标准符合性测试工具35套、数据类标准符合性测试工具19套。

"国家知识资源数据库工程（一期）"的研发机制不同于前三项工程。在国家新闻出版广电总局数字出版司的统一部署和推动下，工程首先在设计上化整为零，通过2014年"中央文化企业数字资源库建设项目"，财政部分别资助了48家专业出版社开展数字化资源建设。为保证项目资金的使用效果，切实推动出版单位实现转型，2015年3月，国家新闻出版广电总局数字出版司启动了专业数字内容资源知识服务模式试点工作。试点坚持"统一部署、标准先行、分步推进、鼓励创新"的基本原则。28家试点单位结合自身的实践和探索，共同完成了知识服务标准体系的初步设计，以及首批8项通用标准的研制工作。8项标准包括《知识服务标准体系表》《知识资源建设与服务工作指南》《知识资源基础术语》《知识资源通用类型》《知识元描述通用规范》《知识应用单元描述通用规范》《知识关联通用规则》《主题分类词表描述规则》。尤其值得一提的是，试点标准工作采用通用标准、企业标准同步推进的方式，一方面通过通用标准的规范要求，各试点单位细化形成企业标准，验证通用标准的实用性和适用性；另一方面，通过试点企业标准，提出共性需求，上升为通用标准，反过来指导企业标准的优化和修订，两者互为基础，互为补充。

1.9.3　中央文化企业数字化转型升级项目标准

中央文化企业数字化转型升级项目由中共中央宣传部、财政部、国家新闻出版广电总局联合发起。全国出版物发行标准化技术委员会受国家新闻出版广电总局委托，于2014年2月启动了项目标准的制定工作，26家中央企业数字化转型出版单位、11家技术企业共同完成了项目管理、基础应用、数据加工、数据存储和流程接口5类23项标准的制定工作，2014年7月发布实施。主要包括数字出版资源对象存储、复用与交换基本规范、图书数字化加工规范及软件接口规范等，解决了出版单位在资源数字化加工、保存、复用、交换方面的需求，23项标准在总局的网站均可以查询。具体如下：

GC/ZX 1—2014《项目标准体系表》；

GC/ZX 2—2014《项目管理指南》；

GC/ZX 3—2014《企业标准编制指南》；

GC/ZX 4—2014《MPR技术应用规范》；

GC/ZX 5—2014《图书产品基本信息规范》；

GC/ZX 6—2014《基于CNONIX标准的图书产品信息应用规范》；

GC/ZX 7—2014《数字出版产品（电子书和内容数据库）质量要求》；

GC/ZX 8.1—2014《出版社数字出版资源对象存储、复用与交换基本规范第1部分：图书》；

GC/ZX 9—2014《出版社数字出版资源对象存储、复用与交换基本验证规范》；

GC/ZX 10—2014《出版社数字出版资源对象存储、复用与交换基本应用指南》；

GC/ZX 11—2014《图书数字资源数据保存与流转要求》；

GC/ZX 12—2014《图书数字化加工模式应用规范》；

GC/ZX 13—2014《图书数字化加工规格应用规范》；

GC/ZX 14—2014《图书数字资源内容标引规则》；

GC/ZX 15—2014《图书数字化加工质量要求》；

GC/ZX 16—2014《图书数字化加工质量评价规范》；

GC/ZX 17—2014《出版社数字出版业务流程规范》；

GC/ZX 18.1—2014《项目软件系统接口规范第1部分：数字化加工软件与内容资源管理系统接口》；

GC/ZX 18.2—2014《项目软件系统接口规范第2部分：编辑加工系统与内容资源管理系统接口》；

GC/ZX 18.3—2014《项目软件系统接口规范第3部分：内容资源管理系统与产品发布系统接口》；

GC/ZX 18.4—2014《项目软件系统接口规范第4部分：业务流程改造软件与关联编码嵌入软件接口》；

GC/ZX 18.5—2014《项目软件系统接口规范第5部分：关联编码嵌入软件与复合出版物生产投送系统接口》；

GC/ZX 18.6—2014《项目软件系统接口规范第6部分：项目软件系统与第三方平台接口》。

1.9.4 专业数字内容知识服务模式试点项目标准

2015年3月，为深化行业数字化转型，同时结合"国家知识资源数据库工程（一期）"推进进展，国家新闻出版广电总局启动了专业数字内容资源知识服务模式试点工作，试点工作本着"统一部署、标准先行、分步推进、鼓励创新"的基本原则，在标准方面，首先制定知识服务试点通用标准，同时推动试点单位建立相应企业标准，实现知识资源建设流程与规范统一。知识服务模式试点的标准化工作采用通用标准带动企业标准的模式，28家试点单位在参与通用标准研制工作的同时，分别根据自身资源建设需要，制订了企业标准制定计划，经初步统计，试点单位企业标准总量超过190项。试点工作不但推动了知识服务的标准化建设，还在出版单位内部锻炼了一支既懂出版，又懂标准的专业队伍，成果显著。

首批8项通用标准经过半年的时间就完成编制并发布实施，标准文本在国家新闻出版广电总局的网站可以查询。这8项标准是在出版单位开展知识服务业务的基础上提炼研制出来的，具有较强的实用性。8项标准具体包括：

GC/ZX 19—2015《知识服务标准体系表》；

GC/ZX 20—2015《知识资源建设与服务工作指南》；

GC/ZX 21—2015《知识资源建设与服务基础术语》；

GC/ZX 22—2015《知识资源通用类型》；

GC/ZX 23—2015《知识元描述通用规范》；

GC/ZX 24—2015《知识应用单元描述通用规范》；

GC/ZX 25—2015《知识关联通用规则》；

GC/ZX 26—2015《主题分类词表描述与建设规范》。

1.10 中文新闻信息置标语言

1.10.1 概述

本章定义中文新闻信息置标语言（CNML）的总体结构，该结构用于新闻生产各个过程对新闻信息的描述。CNML结构的建立基于以下考虑：

（1）以新闻领域业务对内容的需求分析为基础；

（2）独立于新闻样式的表现；

（3）独立于特定新闻内容；

（4）独立于新闻信息标准的表示语言。

该标准对新闻内容本身、新闻内容管理和不同新闻内容之间的关系以及对反映新闻内容的各类元数据进行建模，并定义这些内容的描述方法。

1.10.2 总体结构

CNML总体结构如图1-6所示。

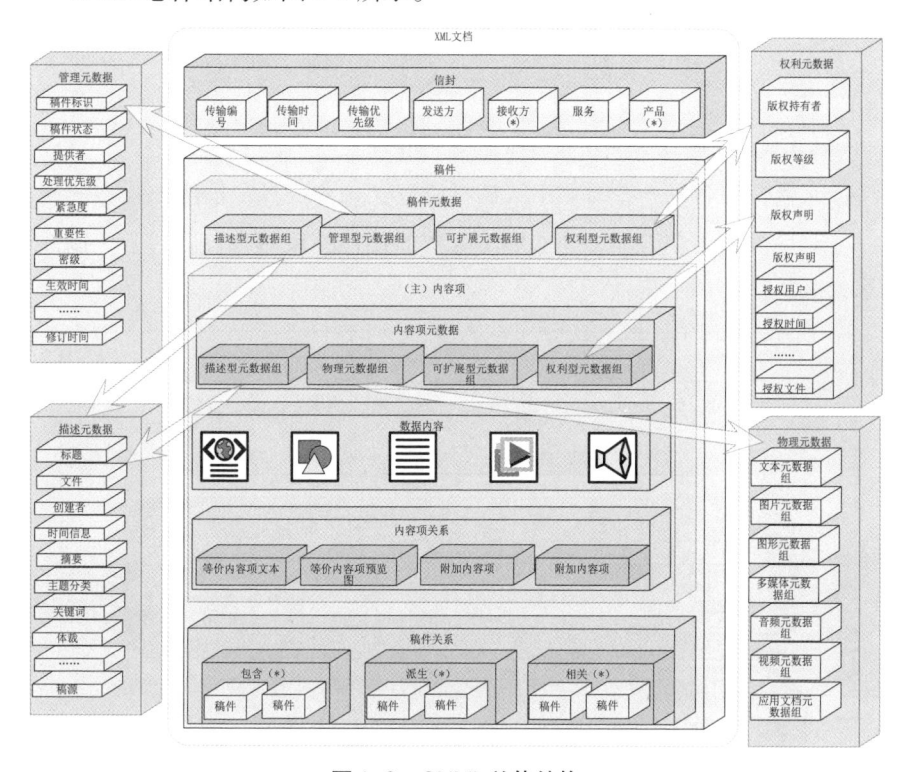

图1-6 CNML总体结构

该模型规定了CNML对文档的描述方式，CNML文档是一个包含文档层、稿件层和内容项层的三层结构描述模型。一个CNML文档可以包含多个稿件，一个稿件可以由多个内容项组成。属于同一文档的不同稿件组成一个稿件序列，稿件之间的关系描述与稿件的内容描述分离。属于同一内容项层的内容组成一个序列，内容项之间的关系描述与内容项的描述分离。

CNML在文档层中定义了用于文档通信控制过程中的信息模型——信封结构。在稿件层和内容项层的描述中，定义了对稿件层和内容项层的元数据描述模型。同时，稿件还定义了关系描述和受控词表的定义和引用机制。

一个CNML文档的结构包含文档层结构、稿件层结构、内容项层结构、元数据的结构、受控词表定义和引用结构及关系结构。

1.10.3 文档层结构

文档层结构由三部分组成，即信封、稿件集合和稿件关系集合，如图1-7所示。

具体定义如下：

（1）信封：描述CNML文档通信控制过程中的信息；

（2）稿件集合：一个CNML文档可以包含一个或多个稿件；

（3）稿件关系集合：一个CNML文档的稿件关系集合包含对各个稿件之间关系的描述。

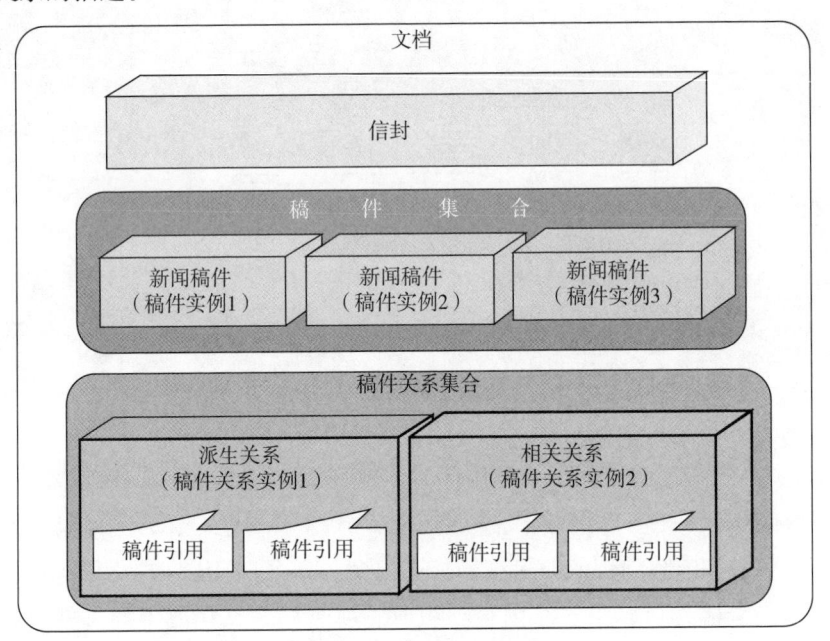

图1-7　文档层结构示意图

信封结构描述如下信息。

（1）传送过程的实际执行时间：定义为稿件的实际发送时间；

（2）传送过程的计划执行时间：定义为稿件的计划发送时间；

（3）传送过程执行的优先级：定义为稿件的优先级；

（4）新闻信息的发送方：定义为发送稿件的人或机构；

（5）新闻信息的送达方：定义为一个或多个稿件接受者和机构；

（6）产品：定义为从新闻内容的角度出发，按照特定的分类方法具备相同内容特征的新闻数据；

（7）服务：定义为新闻单位提供的新闻服务；

（8）用户的收稿序号：定义为面向不同送达方的稿件序号；

（8）针对产品的发稿序号：定义为针对每一个产品的发稿序号。

1.10.4 稿件层结构

稿件是文档中包含的可管理业务对象。该标准将稿件定义为描述型稿件和管理型稿件，描述型稿件定义具有实际内容项的稿件，管理型稿件用于描述对应稿件的管理信息。

描述型稿件分为实体类型稿件和抽象类型稿件。实体类型稿件可以是新闻稿件、广告稿件等，每个实体类型稿件中含有一个或多个具体的物理内容项。抽象类型稿件可以是引用稿件，引用稿件中内容项只定义对内容项引用的序列。

管理型稿件可以是数字签名类型稿件、统计类型稿件、受控词表类型稿件等。

为了方便对各类型稿件的管理和描述，该标准定义了如图1-8所示的多层次的稿件分类。

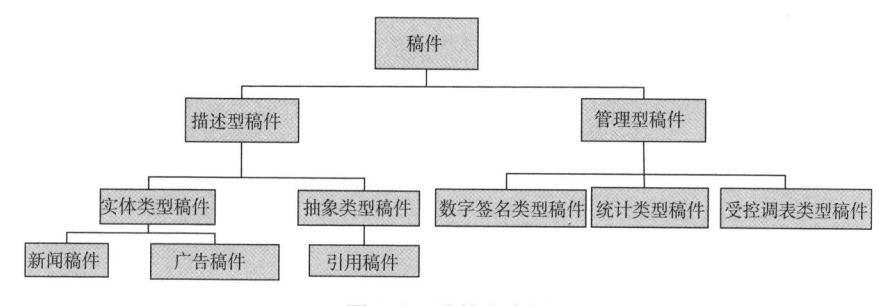

图1-8 稿件分类图

稿件层结构由四部分组成，即稿件元数据集合、稿件操作信息集合、稿件内容集合、稿件内容项关系集合，如图1-9所示。

具体定义如下：

（1）稿件元数据集合包含一个稿件管理型元数据组、一个可选的描述型元数据组、一个可选的权利型元数据组，还可以包含多个可扩展的其他元数据组实例；

（2）稿件操作信息集合可包含多个稿件操作类型的实例，如排序信息类型实例；

（3）稿件内容集合：包含一个或多个具体内容项，不同类型的稿件拥有不同类型的内容；

（4）稿件内容关系集合：包含一到多个组成稿件的多个内容项之间的关系。

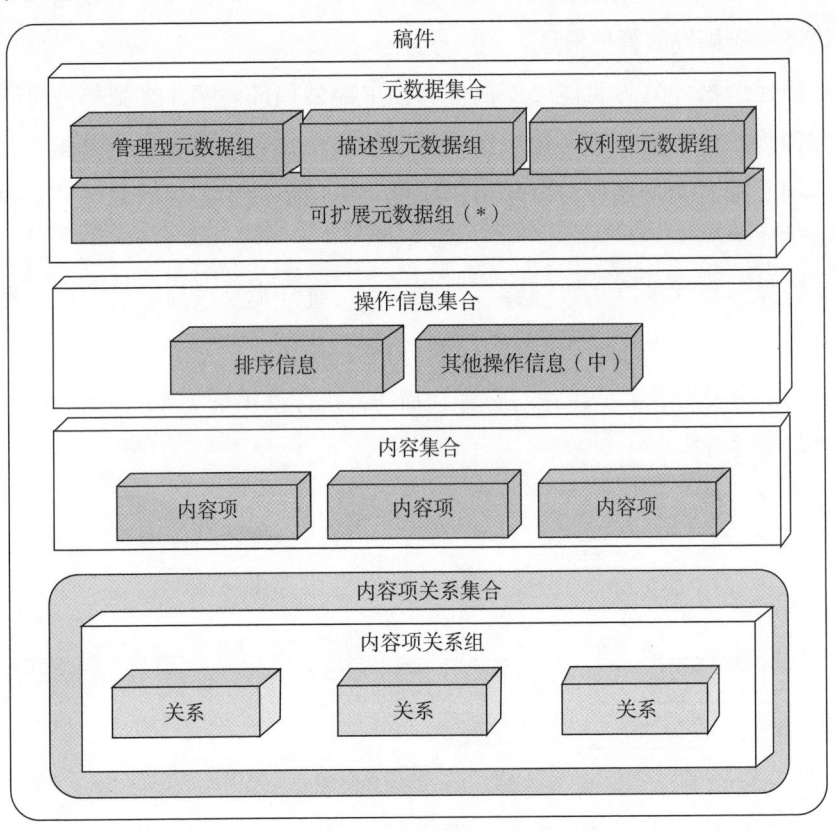

图1-9 稿件层结构示意图

1.10.5 内容项层结构

内容项是实体稿件类型包含的具体内容，一个实体类型稿件既可以由多种不同类型的内容项组成，也可以包含同一类型的不同内容项。

该标准定义了以下类型的内容项。

（1）文本类型内容项：内容项中的内容只包含文字；

（2）图片类型内容项：内容项中的内容是图片类型的数据；

（3）图形类型内容项：内容项中的内容是图形类型的数据；

（4）音频类型内容项：内容项中是音频信息；

（5）视频类型内容项：内容项中是视频信息；

（6）多媒体类型内容项：内容项中是多媒体类型的数据；

（7）应用文档类型内容项：内容项是嵌入的一个应用文档。

内容项层结构包括两部分，即内容项元数据集合和数据内容，具体定义如图1-10所示。

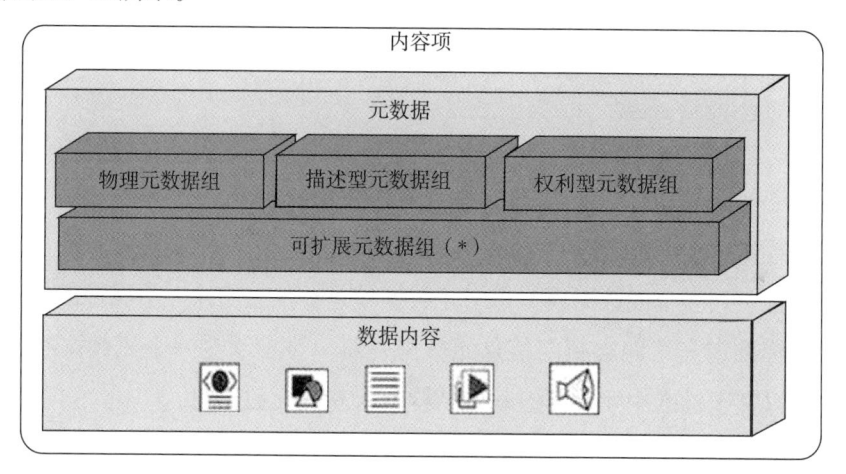

图1-10 内容项结构示意图

（1）内容项元数据集合包含一个可选的物理元数据组、一个可选的描述型元数据组、一个可选的权利型元数据组，还可以包含多个其他类型的内容项元数据组。

（2）数据内容是内容项包含的数据，可以以外部引用的方式存在，也可以嵌入 CNML 文档中，如果内容项数据是二进制数据，则嵌入时需要进行编码。

1.10.6 元数据结构

元数据结构如图 1-11 所示。

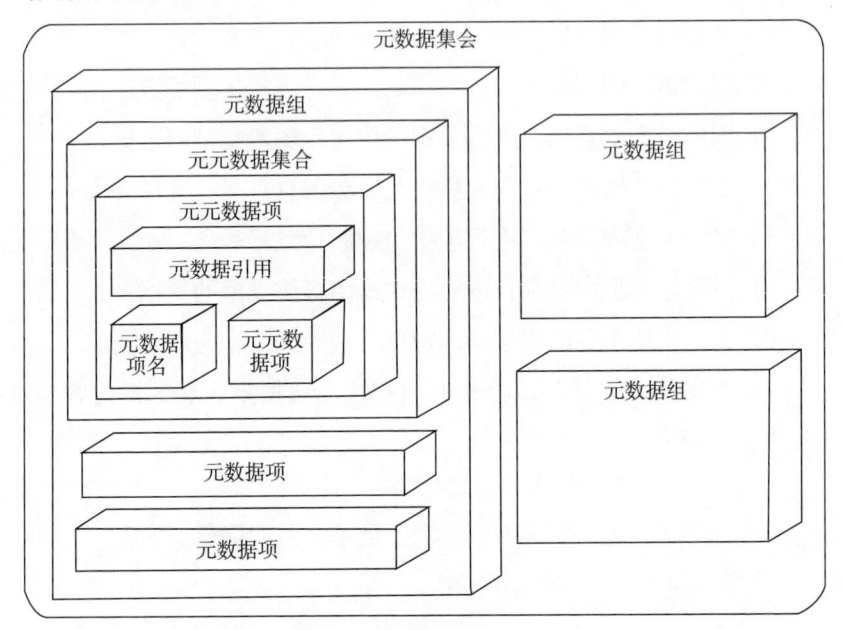

图 1-11 元数据结构

该标准对一个信息实体的元数据描述分为若干个元数据组，每个元数据组包含一到多个元数据项。每个元数据项是对信息实体一个属性的描述。

该标准定义了四类新闻信息元数据，每一类定义为一个元数据组，用户也可以基于标准中元数据组基础结构引入新的元数据组。

标准中的四类元数据分别描述如下。

（1）新闻信息描述类元数据（描述型元数据组）：从信息共享和数据交互的需要出发，元数据最基本的功能是用于对信息资源的内容、属性进行详细、全面的描述，以完整反映信息资源对象的全貌，帮助用户了解数据；该类元数据可出现在稿件层和内容项层。

（2）新闻信息管理类元数据（管理型元数据组）：提供新闻信息资源的存储、使用、管理、传输等方面的信息；该类元数据仅在稿件层出现。

（3）新闻信息权利类元数据（权利型元数据组）：提供新闻信息拥有者、版权等信息内容；可出现在稿件层和内容项层。

（4）新闻信息物理属性类元数据（物理元数据组）：对新闻信息物理属性、实体文件信息进行全面详细的描述；该类元数据仅在内容项层出现。

该标准支持对元数据的元数据信息（元数据）的描述；除上述四类元数据外，用户可以对标准元数据组进行扩展。

该标准根据元数据项取值特性，将其分成以下六种类型。

（1）简单元数据项：该类元数据项的取值可以通过字符串表示。

（2）基本元数据项：该类元数据项的取值可以通过字符串表示，而取值的具体数据类型是 XML Schema 规范定义的基本数据类型。

（3）自定义取值类型的简单元数据项：该类元数据项的取值为简单数据类型，取值最终可以表示为一个字符串，但数据类型不是标准 XML Schema 规范定义的基本数据类型，可以由扩展者定义。

（4）通过受控词表限定其取值的元数据项：该类元数据项的取值通过字符串进行表示，但是字符串的取值必须为受控词表中定义的一个词表项。

（5）复杂元数据项：该类元数据项的取值相对复杂，无法通过一个简单的字符串进行描述，而必须通过具备一定结构的数据模型进行描述。

（6）本标准规定除了第一类元数据项以外，其他类型的元数据项均适用于复杂类的元数据模型。

1.10.7 受控词表结构

受控词表是新闻信息交换过程中一类重要的实体，它在新闻信息交换过程中定义了新闻领域和新闻部门对某个具体事物描述的统一认识，是对数据的可理解的语义描述的基础，如图1-12所示。

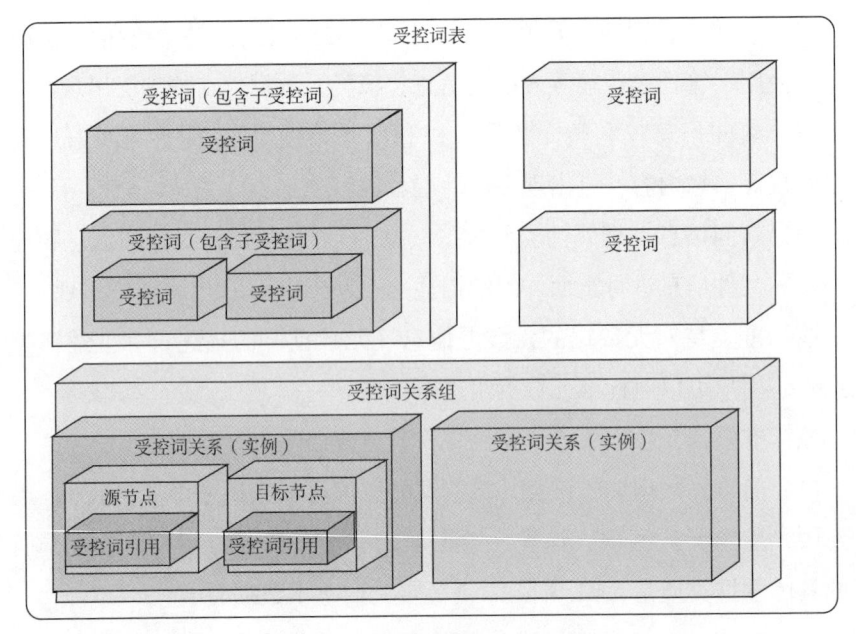

图1-12 受控词表结构示意图

该标准提供了受控词表定义及受控词引用的描述机制。

该标准提供了受控词表稿件类型来定义受控词表，支持具有层次结构的受控词表描述，此外还可定义受控词之间的关系。

1.10.8 关系结构

该标准定义了用于描述同一类型信息实体之间的相互作用的关系结构，如图1-13所示。

本标准规定如下：

（1）同一类型实体间的关系用关系组描述；

（2）每个关系组中可以包含一到多个关系；

（3）每个关系描述具有同一种关系名称的关系源和目标源的集合；

（4）每个关系中具有一个或多个关系源和关系目标组成的对；

（5）关系描述中具有一到多个关系元数据的描述。

本标准将关系定义为下面四部分内容。

（1）关系名称：关系的语义概念；

（2）关系源：关系的发源体；

（3）关系目标：关系的接受体；

（4）关系的元数据：描述关系的元数据，每一项元数据都为简单元数据项类型。

目前，该标准定义的实体关系包括稿件之间、内容项之间，以及受控词之间的关系。

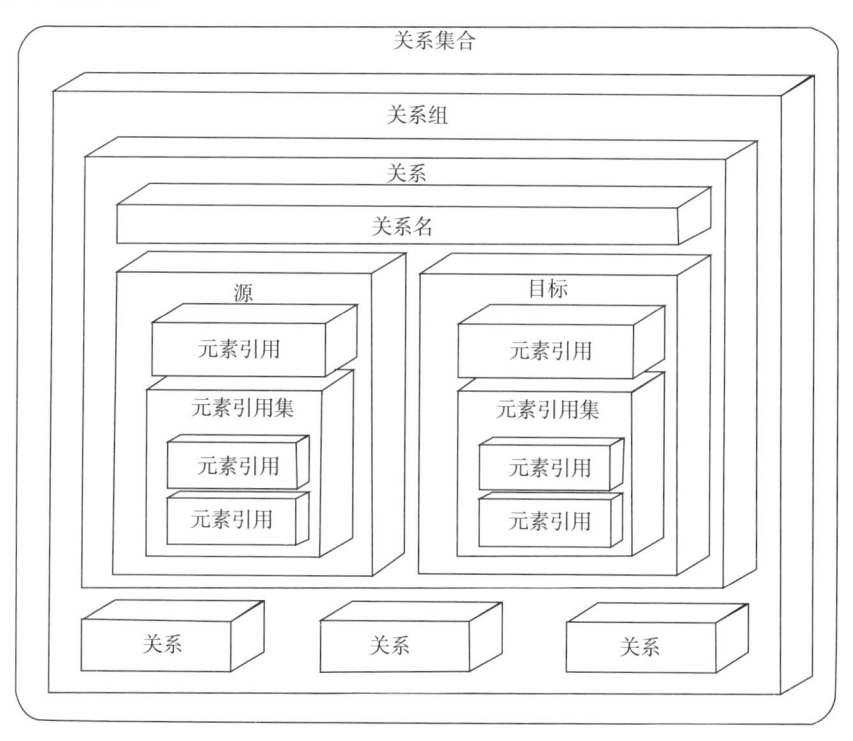

图1-13 关系结构示意图

第 2 章 运营平台系统

2.1 概述

运营平台系统按照出版社的个性化要求进行定制开发，融合产品发布、社交营销等功能。在线发布主题数据库、报纸、期刊、纸版报纸、期刊等不同类型产品。对接第三方销售渠道或平台，拓展资源销售范围，该系统对出版机构的内容产品运营工作具有明显意义。

（1）可实现多种类型数字出版产品的跨平台、跨终端阅读，满足数字版权管理与保护的需要，实现安全发布与服务，并可与第三方系统对接。

（2）实现产业链创新。通过"自动投约稿、统一存储与管理、创造性资源重组、多介质出版与多媒体发布、数字化推送与自动化物流"，延伸产业链条，为内容资源的增值服务提供更多的环节。

（3）实现产品形态的创新。传统单一的产品形态将被"电子图书、数字报纸、数字期刊、自助出版、众筹出版、按需印刷"等形式多样的产品形态代替，为内容资源的增值服务提供更多形式和渠道。

（4）实现盈利模式的创新。除传统的编印批销之外，多品种的产品与多渠道的销售、多形式的服务不仅能够更好地满足用户的需求，更能在服务之中实现多形式、多品种、多环节的盈利，真正实现内容资源的增值。

目前国内出版行业应用的运营平台系统有在线商城、数字图书馆、知识数据库、原创文学、自助出版、众筹出版、按需印刷、阅读活动、书库商城、APP客户端、微信、微博等其他客户端。

2.2 在线商城

2.2.1 概述

在线商城可以为用户提供纸质书、电子书、音视频、数据库的浏览、阅读、收听、购买、支付等功能，是一个综合性的电子商务类学习平台。

目前市场上在线商城众多，很多出版社都上线了自己的在线书城，供读者在线试读、选购商品。本节以斯麦尔开发的在线商城为例来介绍。

斯麦尔在线商城涵盖了图书、音频、专题、实物商品等众多商品，包含试读、阅读、试听、收听、收藏、购买、支付等众多功能，是一个集学习交流和电子商务为一体的综合性平台。

2.2.2 首页

斯麦尔在线商城导航分类主要包含：首页、资源、影音、专题、礼品。所有栏目内容均可以通过后台发布，且能设定显示优先级（图2-1）。

图2-1 斯麦尔在线商城首页

（1）重磅推荐：展示重磅推荐资源的名称、作者、电子价格等内容（图2-2）。单击资源封面或资源名进入资源的详情页面，在资源详情页，用户可以查看并购买相应的资源。

图2-2　重磅推荐

（2）全部分类：位于首页左边栏。读者可根据自己的阅读习惯创建分类及其二级分类。单击"更多"，页面会跳转到资源页面（图2-3）。

图2-3　全部分类

（3）最新动态：位于首页右边栏，实时发布出版商、作者、最新资源的动态（图2-4）。

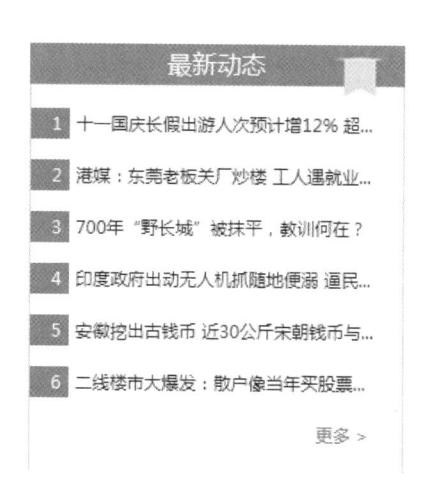

图2-4　最新动态

（4）精品推荐：展示精品资源的名称、电子价格等内容（图2-5）。单击资源封面或资源名进入资源的详情页面，用户可以查看并购买相应的资源。

图2-5　精品推荐

（5）最新特价：展示最新特价资源的名称、作者、电子价格等内容（图2-6）。单击资源封面或资源名进入资源详情页面，用户可以查看并购买相应的资源。

图2-6　最新特价

（6）图书畅销榜：位于首页左边栏，列表展示本周或本月最畅销图书前六名，其中第一、第二名展示资源封面、资源名、作者、电子价格，第三~第六名只显示资源名、电子价格。单击资源名或资源名称进入资源详情页面，用户可以查看并购买相应的资源（图2-7）。

图 2-7　畅销榜

2.2.3　资源

单击首页导航栏的"资源"，即可进入资源导航。按照后台创建的资源类型进行分类，用户可以查看并购买分类下的资源（图2-8）。

资源类型包括：小说、动漫/幽默、社会科学三大类。其下有相应的小分类。

图 2-8　资源

分类下资源：单击大分类下相应的小分类，则显示该类下的全部资源（图 2-9）。单击资源封面或资源名进入资源详情页面，用户可以查看并购买相应的资源。

图 2-9　分类下资源

2.2.4　音频

单击首页导航栏的"音频"，进入音频/视频专区（图 2-10、图 2-11）。

用户可以查看并购买相应的音频/视频。

图2-10　音频专区

图2-11　视频专区

2.2.5　专题

单击首页导航栏的"专题",进入专题专区(图2-12)。按照后台创建的类型进行分类,用户可以查看并购买分类下的专题。专题专区可以对一系列资源打包购买。

图 2-12 专题专区

2.2.6 礼品

单击首页导航栏的"礼品",进入礼品页面(图 2-13),可以购买优惠的礼品卡。

图 2-13 礼品页面

2.2.7 资源详情页

资源详情页会展示资源的封面、作者、电子价格等相关信息，提供资源的试读、试听、试看、一键购买、加入购物车、收藏和分享等功能（图2-14～图2-16）。用户可单击图书目录在线试读对应章节的内容。

图2-14　读物详情页

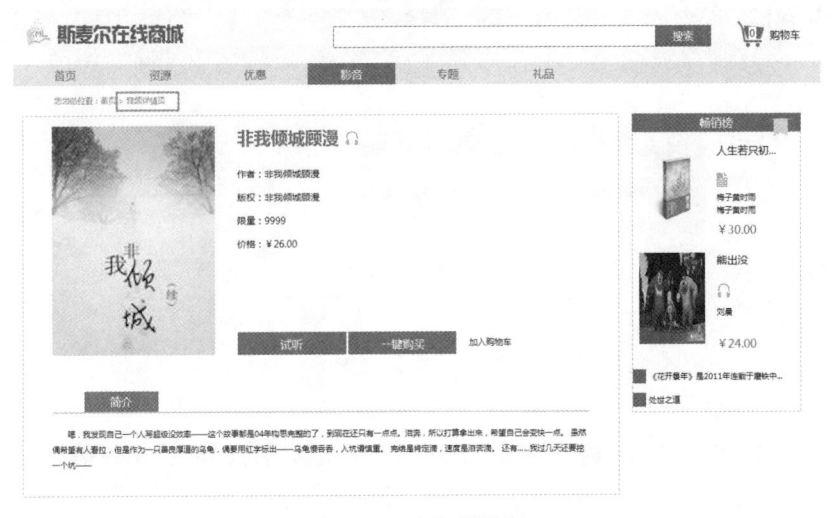

图2-15　音频详情页

图2-16　视频详情页

（1）试读：单击"试读"，进入试读页面（图2-17）。可以按照比例进行试读。

图2-17　试读页面

（2）试听：单击"试听"，进入试听页面（图2-18）。可以按照比例进行试听。

图2-18　试听页面

　　(3) 试看：单击"试看"，进入试看页面（图2-19）。可以按照比例进行试看。

图2-19　试看页面

2.2.8　购物车及支付功能

　　(1) 购物车：用户将资源加入购物车后，可以选择"继续购物"或者"去结算"，购物车中会详细显示商品的信息、价格、订单总额，用户可以删除购物车中的商品或清空购物车（图2-20）。

图 2-20　购物车页面

（2）支付：单击购物车中的"结算"，进入支付页面，商品清单会显示商品详细信息（图 2-21）。

图 2-21　支付页面

用户可以选择网上支付、积分支付方式（图2-22）。

图 2-22　网上支付和积分支付页面

2.2.9　个人中心

（1）账号注册：单击首页右上角的"免费注册"，进入注册页面，密码为字母、数字、字符任意两种组合，至少6位（图2-23）。

图 2-23　账号注册页面

（2）登录：单击首页右上角的"登录"，进入登录页面（图2-24）。

图2-24　登录页面

（3）我的资源：登录后进入个人中心，可以查看用户已购买的资源、已收藏的资源、已浏览的资源、已欣赏的资源（图2-25）。

图2-25　个人中心页面

对于已购买的资源可以直接阅读、试听、试看，也可以下载，可以查看不同格式的资源及新建文件夹、移动资源（图2-26）。

图2-26 已购买的资源页面

（4）我的账户：包括积分信息、我的订单、我的支持，其中，积分信息包括获取积分和消耗积分（图2-27）。

图2-27 积分信息页面

我的订单包括订单号、订单商品、订单金额、订单时间、支付状态、支付方式等（图2-28）。单击"查看"，可以查看订单详情（图2-29）。

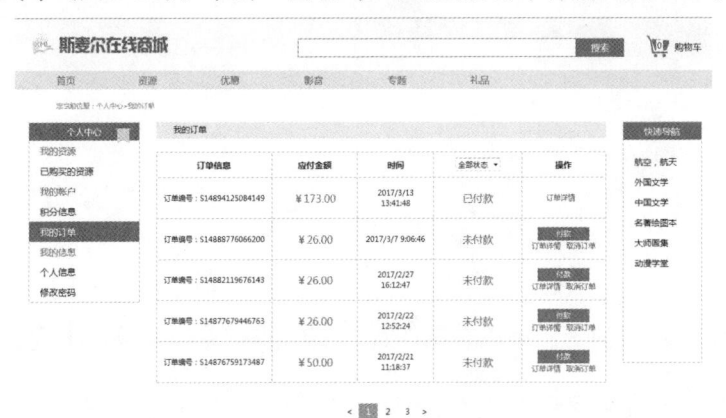

图2-28 我的订单页面

图2-29　订单详情页面

（5）我的信息包括个人信息、修改密码。个人信息包括昵称、性别、生日、邮箱等，用于修改和查看信息（图2-30）。

图2-30　个人信息页面

修改密码是修改前台的登录密码（图2-31）。

图2-31　修改密码页面

2.3 数字图书馆

2.3.1 概述

数字图书馆可以实现对图书馆馆藏图书的在线浏览、检索、试读、借阅等功能，同时，通过借阅模式，图书馆管理员可以进行图书借阅控制，通过角色授权控制用户借阅范围。

本节以斯麦尔数字图书馆为例对数字图书馆进行介绍。斯麦尔数字图书馆主要功能包括：馆内图书导航、借阅管理、个人书架、在线阅读等模块。

2.3.2 首页

进入数字图书馆系统公共首页（图2-32），首页展示内容为图书的中图法分类，导航中显示首页、图书、期刊、搜索入口、登录注册入口、新书速递、期刊速递、友情链接。

图2-32 数字图书馆系统首页

2.3.3 用户注册/登录

注册：新用户进入平台，选择页面右上角的"注册"按钮进行注册，填写信息后单击"立即注册"，即可完成注册（图2-33）。

图 2-33　注册页面

登录：注册成功的用户需要在"数字资源管理系统"由管理员进行授权才能正常登录（图2-34），用户登录后可显示用户账号、我的资源等，单击"安全退出"可退出系统（图2-35）。

图 2-34　用户审核页面

图2-35 登录用户

2.3.4 搜索功能

在顶部右侧搜索框内输入"资源名称、作者、出版社、发行方",单击"搜索"(图2-36),跳转至搜索结果展示页面,单击"高级搜索",跳转到高级搜索页面(图2-37)。

图2-36 首页搜索

图2-37 高级搜索

2.3.5 申请借阅

申请借阅:对于相对感兴趣的资源,用户需要通过申请的方式进行借阅,在资源详情页单击"申请借阅"(图2-38),资源管理平台的管理员审核通过后(图2-39),用户可以借阅。成功借阅的图书可以在"我的资源"

的借阅资源中进行查看（图2-40）。

图2-38 申请借阅页面

图2-39 资源管理平台借阅审核页面

图2-40 "我的资源"查看借阅资源

65

借阅驳回：用户申请借阅之后，数字资源管理平台管理员可将该审核驳回，单击"驳回"，填写驳回原因（图2-41）。

图2-41　借阅审核

2.3.6　我的资源

用户登录后，在"我的资源"菜单下单击"借阅资源"，加载审核通过且未归还的资源（图2-42），未过期的资源可进行阅读（图2-43），过期的资源不可以阅读，可归还后重新申请。

图2-42　借阅资源

图2-43　在线阅读页面

2.3.7　本周到期

单击"本周到期"资源，显示七天之内到期资源、可阅读资源，可提前归还（图2-44）。

图2-44　本周到期

2.3.8　过期资源

单击"过期资源"，显示归还过期资源列表，资源不可以再进行阅读，可将资源归还（图2-45）。

图2-45　过期资源

2.3.9　借阅历史

单击"借阅历史"，显示审核通过的资源（图2-46），已归还的不允许阅读，未归还已过期的不允许阅读，未归还未过期的可阅读。

图2-46　借阅历史

2.3.10　基本信息

在"基本信息"菜单下可修改用户信息，如图2-47所示。

图 2-47　基本信息

2.3.11　修改密码

单击"修改密码",可修改用户的密码,密码修改之后需要使用新密码登录(图 2-48)。

图 2-48　修改密码

2.3.12　借阅消息

单击"借阅消息"菜单,显示所有资源的借阅信息,"是否归还"项分别显示已归还和未归还;"审核状态"项分别显示未审核、申请通过、申请

69

驳回的记录（图2-49）。

图2-49　借阅消息

2.3.13　图书/期刊导航

在首页中分别单击"图书"和"期刊"，可显示图书和期刊的信息（图2-50、图2-51），图书/期刊分类和图书/期刊资源，单击"申请借阅"可进行借阅。

图2-50　图书信息

图2-51　期刊信息

2.4　知识数据库

2.4.1　概述

知识数据库可以实现分类子库、知识检索、在线阅读等功能，是面向机构用户的数字内容展示与应用平台。

目前，市场上的知识数据库大致为同方知网、斯麦尔知识数据库等。本节以斯麦尔知识数据库为例进行介绍。

斯麦尔知识数据库平台可以实现分类子库、知识检索、在线阅读等功能，同时，可针对编辑、管理员等提供数据库管理、机构用户管理和网站管理等管理功能，实现对机构用户IP控制+账号管理的数据库使用授权管理。

2.4.2 登录

单击首页检索或底部镜像版资源下载，弹出登录框，通过IP验证和用户账户信息验证该用户的合法性（图2-52）。

图2-52　登录页面

2.4.3 资源展示

（1）资源分类：只有对该子库有权限的机构用户才能进入该子库首页

(图2-53)。根据内容不同分别进入该子库中所有资源的图片库（图2-54）、表格库（图2-55）、数据集（图2-56）、大事年表（图2-57），也可以通过标题、来源对图片表格库进行搜索。

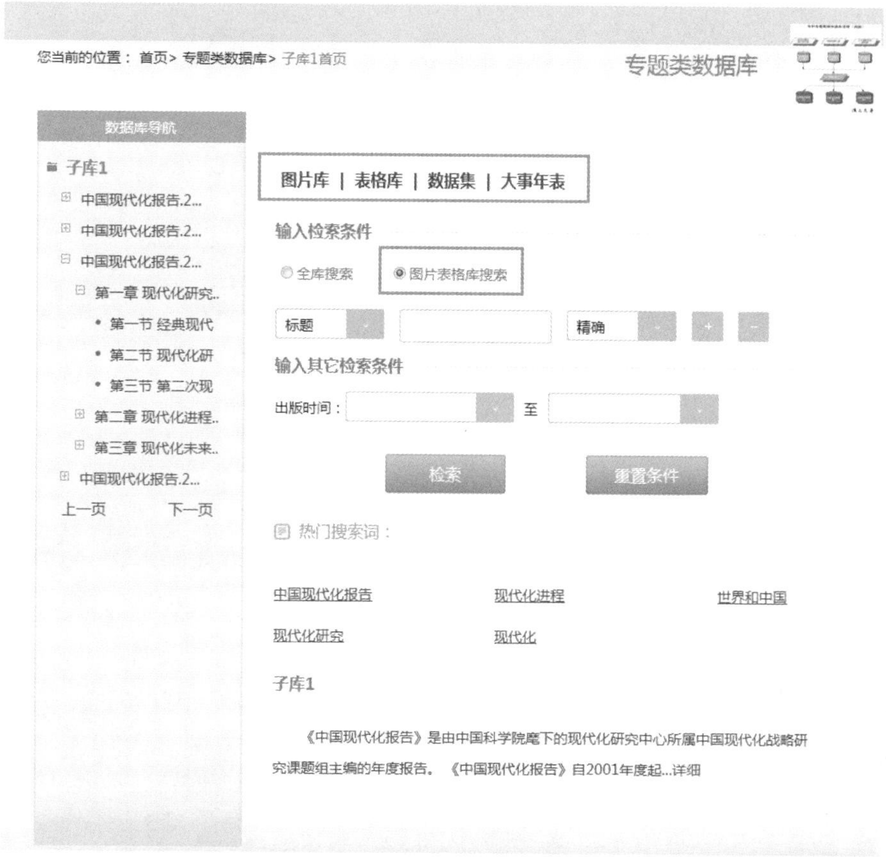

图2-53　子库首页

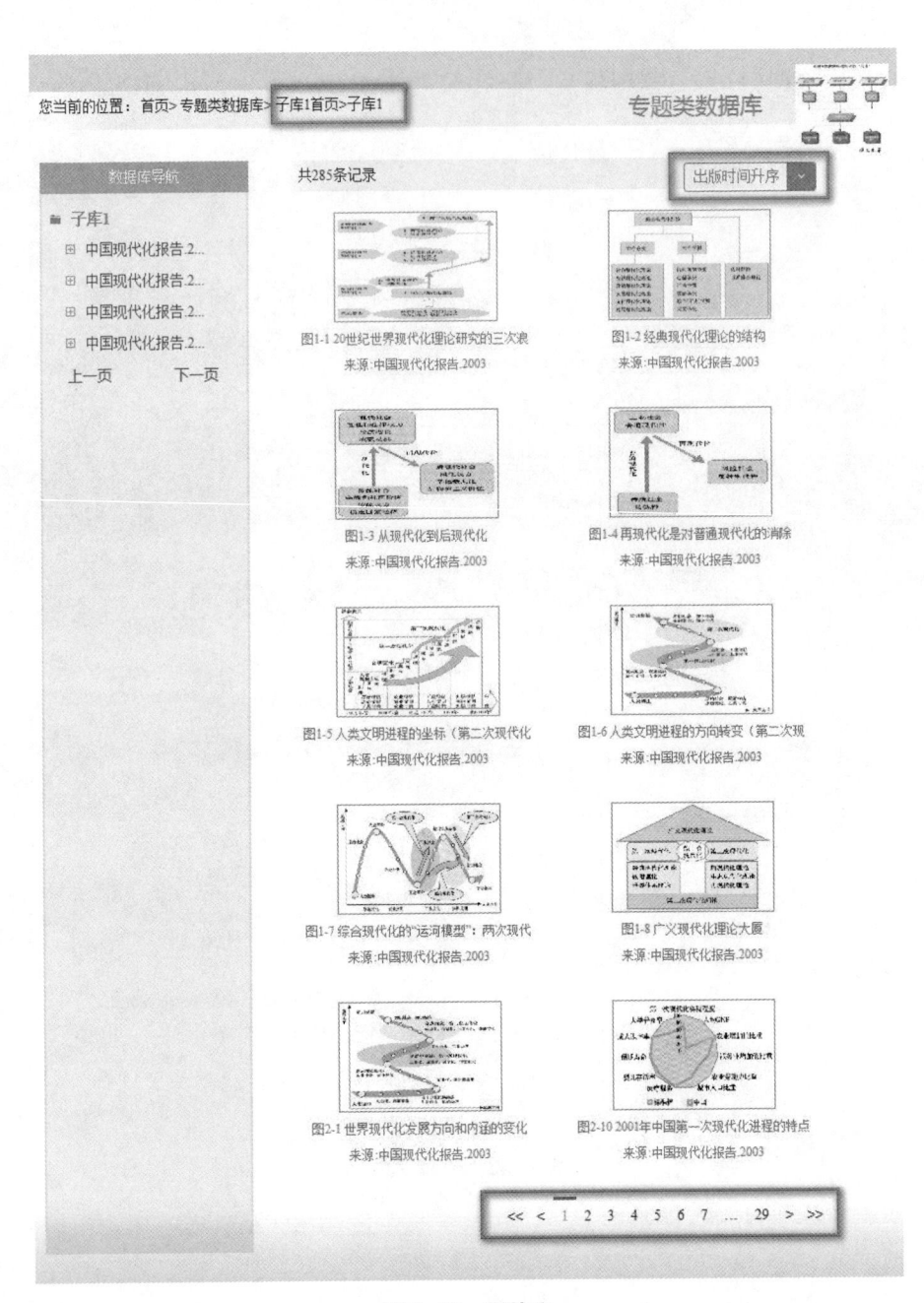

图2-54 图片库

图 2-55 表格库

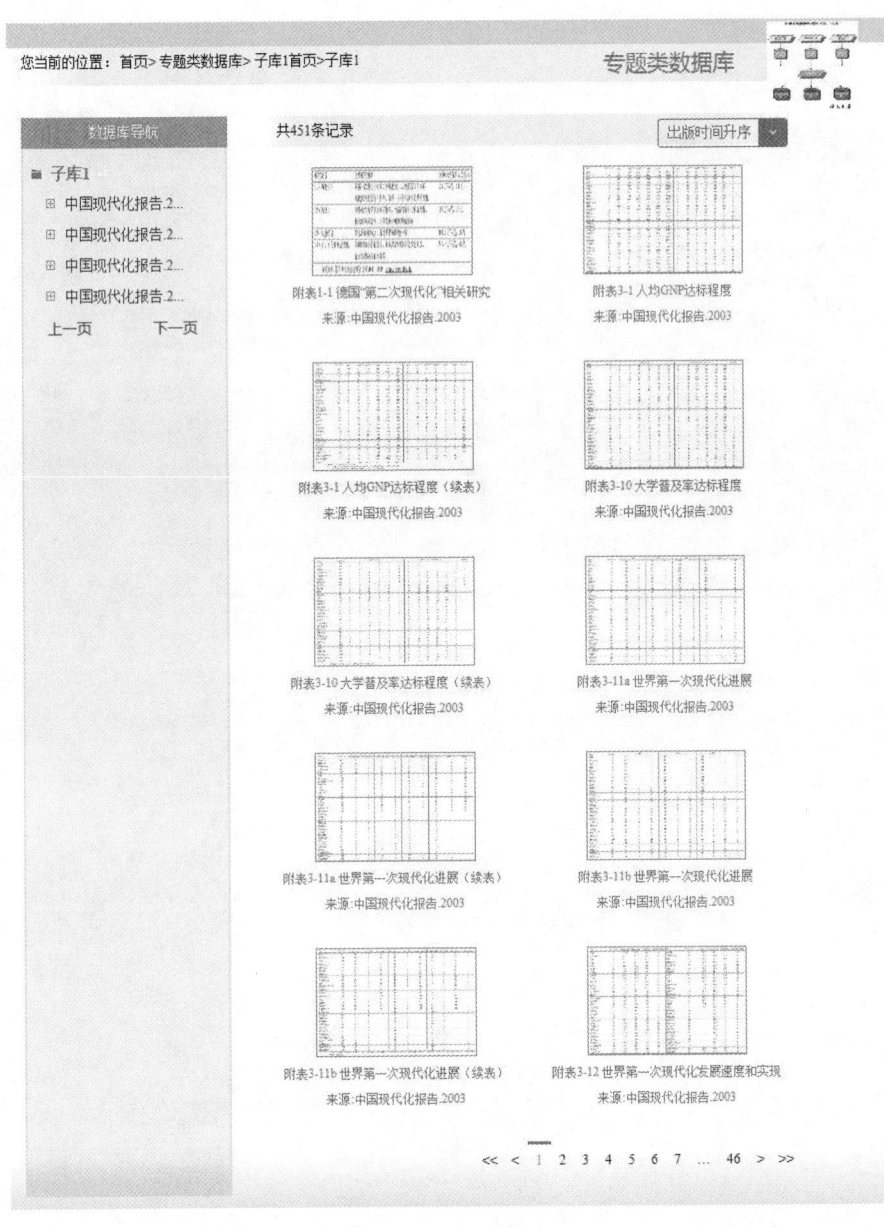

图2-56　数据集

图2-57 大事年表

（2）资源导航及数据展示：左侧数据库导航一级目录为该分类子库下所有资源的名称。通过导航或检索（图2-58）实现某一类数据的集中展示，包括内容标题、作者、来源、出版时间、版次和摘要的信息（图2-59）。

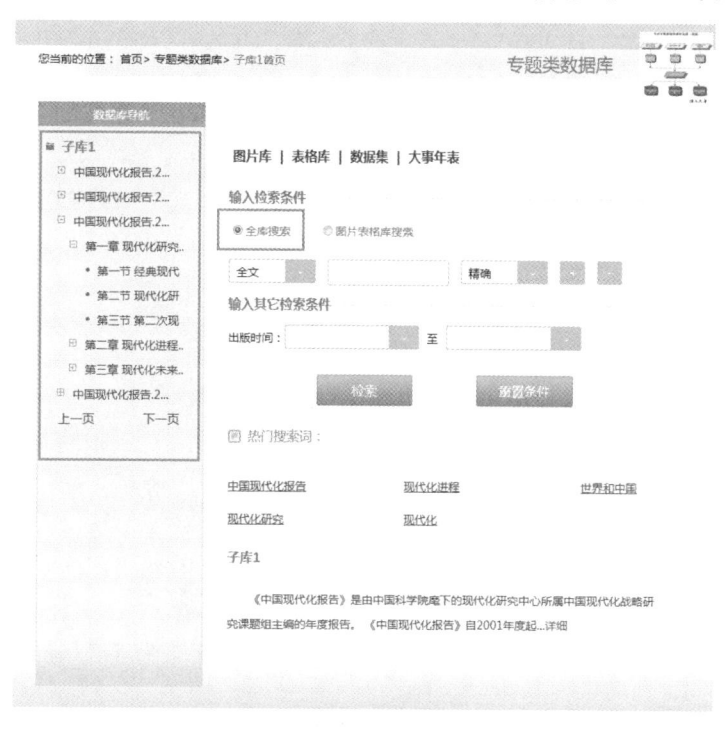

图2-58 导航和检索

图2-59　检索出的信息

（3）子库介绍：页面底部显示了当前子库的简介，单击"详细"，可打开该子库介绍的详情页（图2-60）。

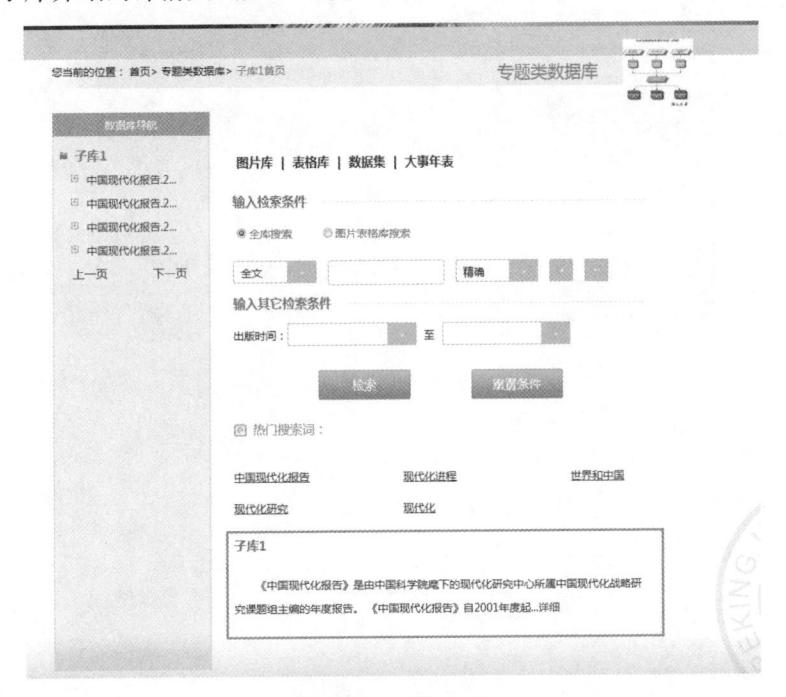

图2-60　子库介绍

(4)热词搜索提示:数据库后台根据用户搜索关键词的频率自动生成热词搜索提示,方便用户快速获取相关内容(图2-61)。

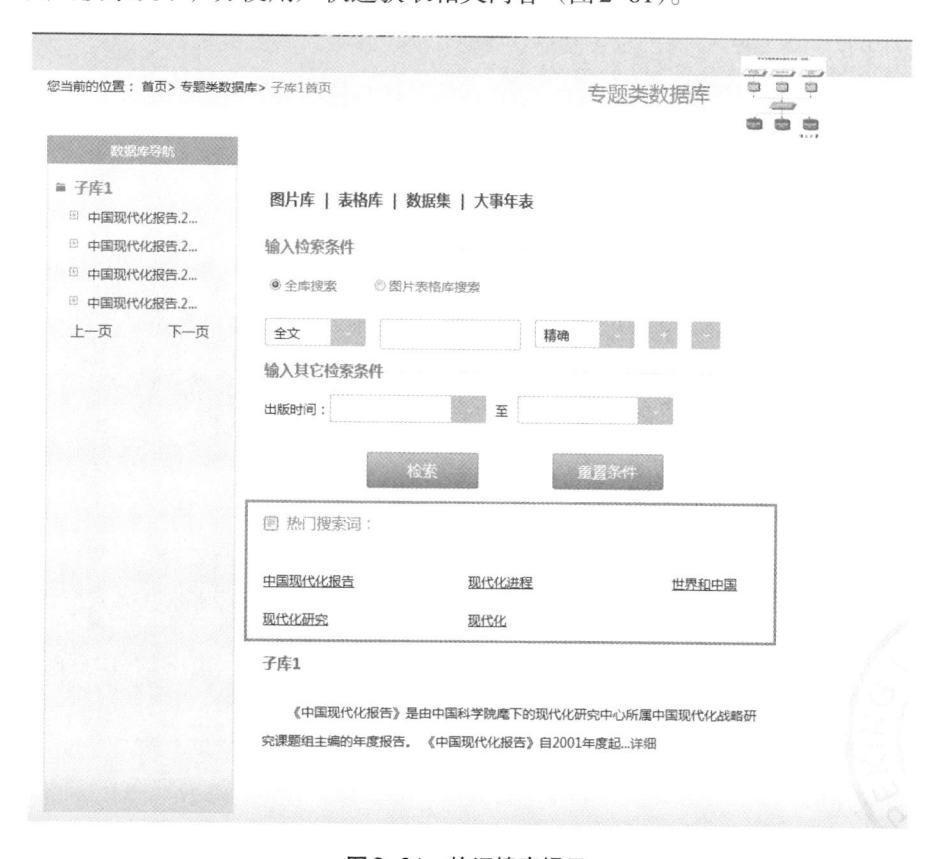

图2-61 热词搜索提示

2.4.4 在线阅读

为机构用户提供流式在线阅读模式,也可以进行相关章节的切换和上下篇内容的切换阅读,支持流式阅读切换、版式阅读切换(图2-62)。

单击流式阅读中的图片,能放大展示图片,更方便用户清晰查看图片信息(图2-63)。

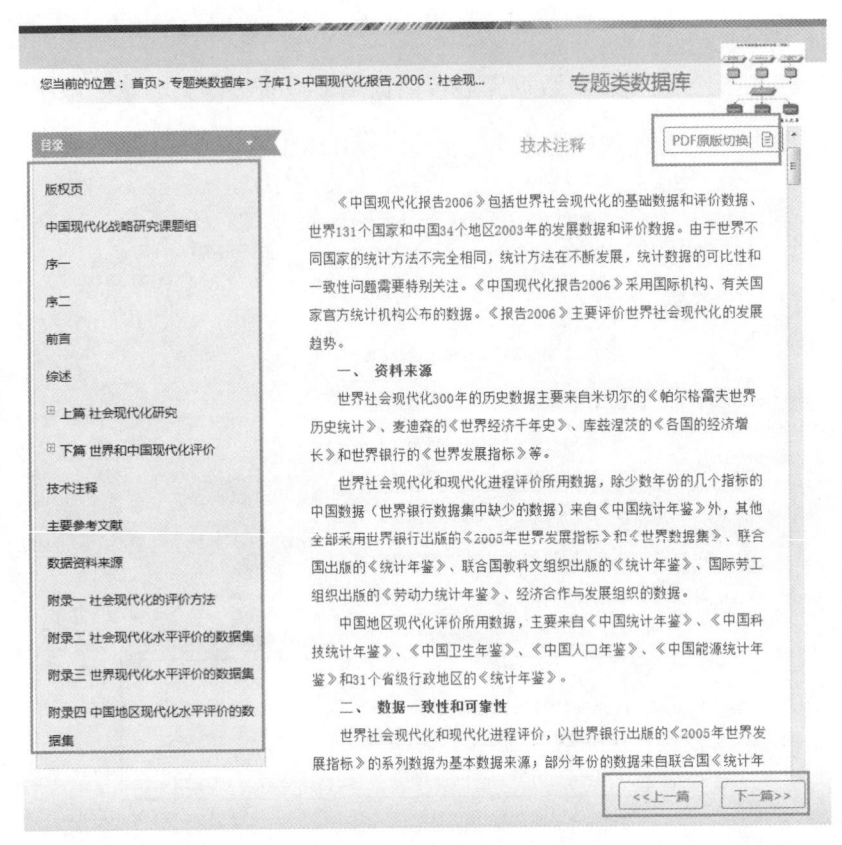

图2-62　在线阅读页面

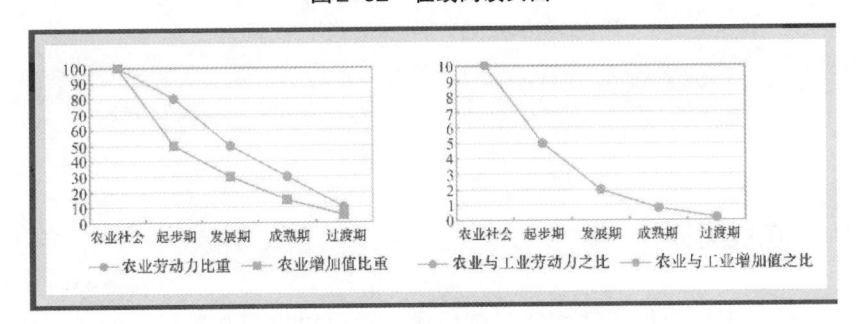

图2-63　放大图片

2.4.5　检索

检索功能是为了用户方便查找资源信息，用户可以根据全文、标题、来源、作者进行查询；这里不仅可以进行单个条件查询，也可以进行多个条件（或者、并且、不含）组合查询；检索不止针对全库检索，也可以有选择性地针对子库，这样可以扩大或者缩小检索范围；并且用户也可以根据出版时间检索（图2-64）。

二次检索是在首页检索的基础之上进一步缩小检索范围，为用户更精确地检索资源信息，当然，二次检索可以是单个条件查询，也可以是多个条件（或者、并且、不含）组合在一起进行查询（图2-65）。

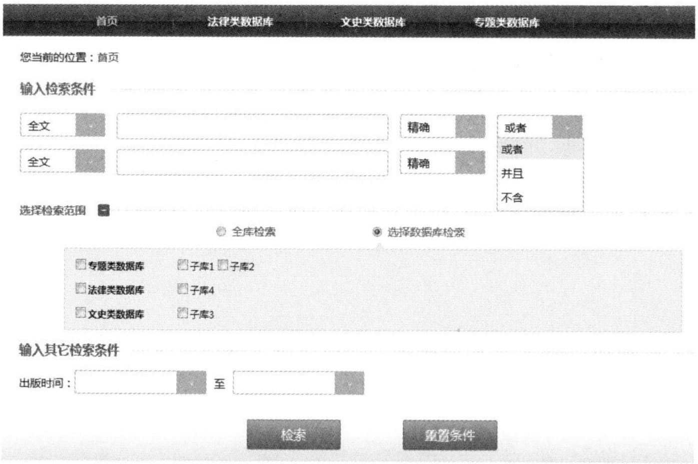

图2-64　首页检索

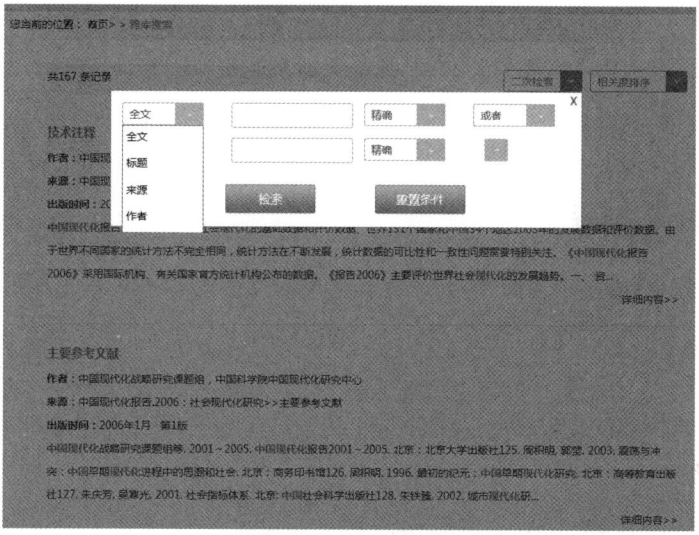

图2-65　二次检索

81

2.4.6 镜像包下载

镜像版和通用版、机构用户登录前台可进行镜像包下载，单击底部导航"镜像版资源下载"，打开镜像包下载页面，该页面展示了当前机构用户已经授权且已经生成镜像包的子库情况，根据需要，选择正确的子库，单击"下载"（图2-66）。

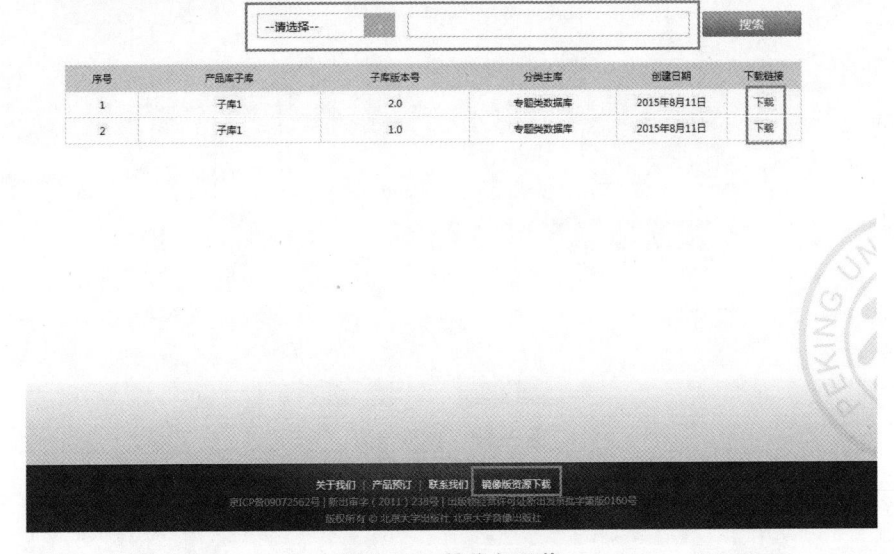

图2-66　镜像包下载

2.5　自助出版

2.5.1　概述

平台以自助出版为核心，借助互联网思维及现代信息技术，实现内容投稿、编校、发布、销售等全流程自动化、数字化，多终端、多形式的产品发布，纸质图书、电子书同步出版。通过作者、编辑、读者三大板块，完成全方位的自助出版服务。为作者提供个人图文作品在线编排发表、自助出书等相关服务；为读者提供内容检索、试读、电子书在线订阅、按需印刷、图书购买或定制、互动交流等相关服务；并向作者即时反馈出书进程。

2.5.2 功能介绍

通过平台及移动客户端，作者可自主上传作品文档、填写作品基本信息、选择印数、版式设计与图书规格，同时可以自由选择是否在平台出售该书、生成订单、签订合同。由平台直接推送至对接的协同编撰系统，由专业编辑在线对作品进行编校加工，降低复杂的往来交流成本，提高出书效率。

2.5.3 业务流程

单击 [我要出版]（图2-67），未登录用户提示请先登录进入登录页面；已登录用户未提交身份认证或审核驳回时，提示"提交身份认证"，进入身份认证页面；已登录用户已提交身份认证但未审核时，提示"身份认证审核中"；已登录用户提交身份认证且通过审核时，进入自助出版平台的创建任务的阅读声明页面。

图2-67 "我要出版"页面

(1) 阅读声明（图2-68）。

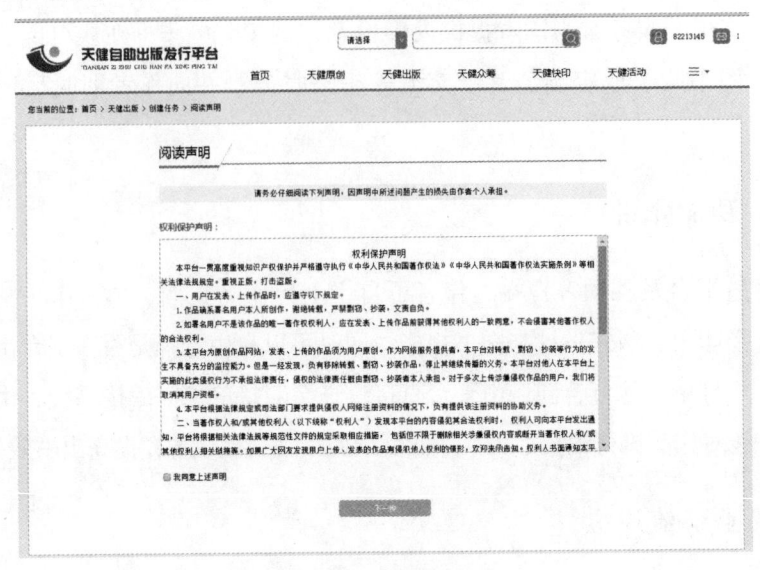

图2-68　阅读声明页面

(2) 提交作品，填写作者信息：作者姓名、署名方式、性别、类别、国籍、籍贯、作者简介、添加作者（图2-69）。

图2-69　提交作品：作者信息

填写书稿信息：书稿名称、丛书书名、作品简介、图书类别、发行范围、版权情况、图表数、字数（千字）、其他信息等（图2-70）。

图2-70　提交作品：书稿信息

提交作品文件选择：单击"上传文件"后，选择电脑中文件，选择"确定"后，当前位置显示文件名；可删除已上传的文件（图2-71）。

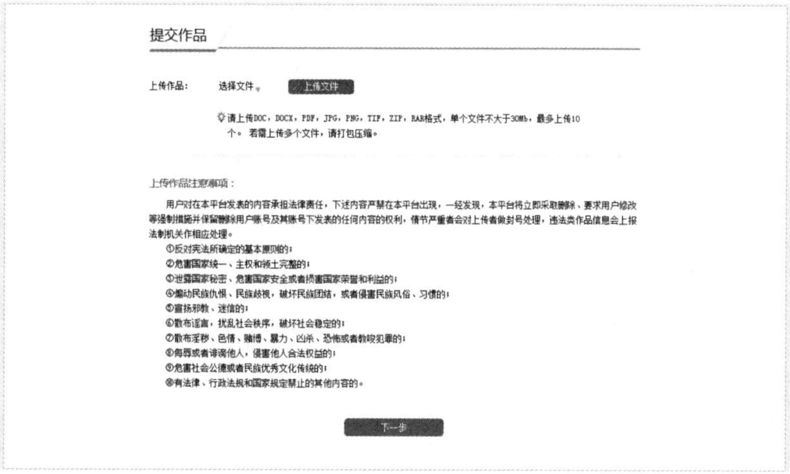

图2-71　提交作品

单击"下一步",填写合理无提示,进入印制与设计页面。

(3) 印数与设计:填写印制数量、销售意向,委托平台进行图书设计,选择专属封面与版式设计:单选框选择专属或通用封面版式设计,系统默认为选择专属封面及版式设计。

选择通用封面及版式设计时,会弹出通用封面库及通用版式库,单击图片时为选中状态,单击"预览",弹窗放大图片。

单击"上一步",进入提交作品页面;单击"下一步",进入图书规格页面(图2-72)。

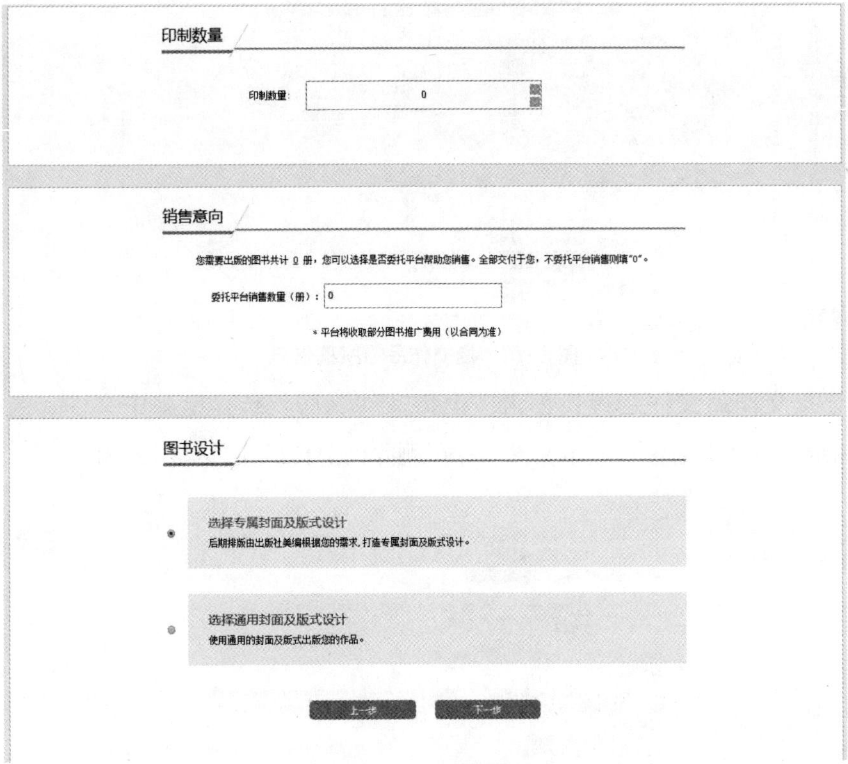

图2-72 印数与设计

(4) 图书规格:选择开本、内页色彩、印刷用纸、装帧方式、封面覆膜、封面特殊工艺、其他工艺要求(图2-73)。

单击"上一步",进入印数与设计页面;单击"下一步",进入确认订单页面。

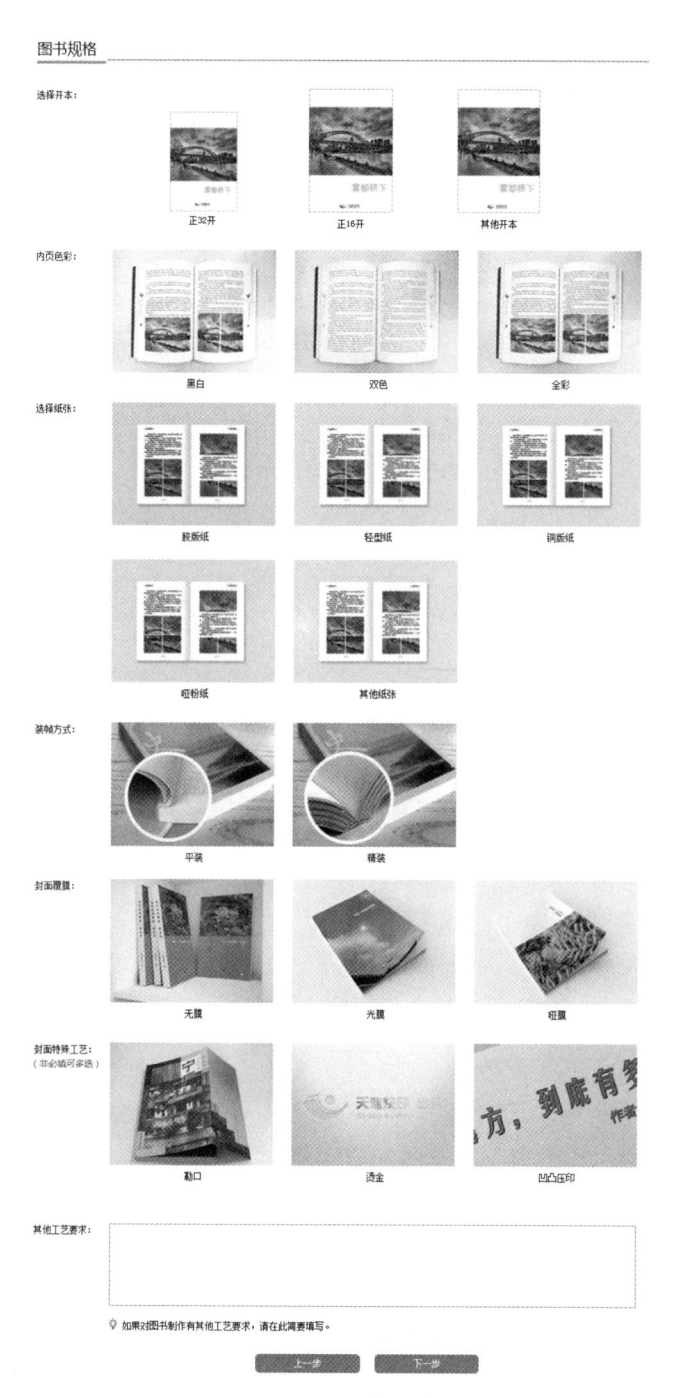

图2-73 图书规格

（5）确认订单：显示作者信息、书稿信息、印数与设计、图书规格等信息（图2-74）。

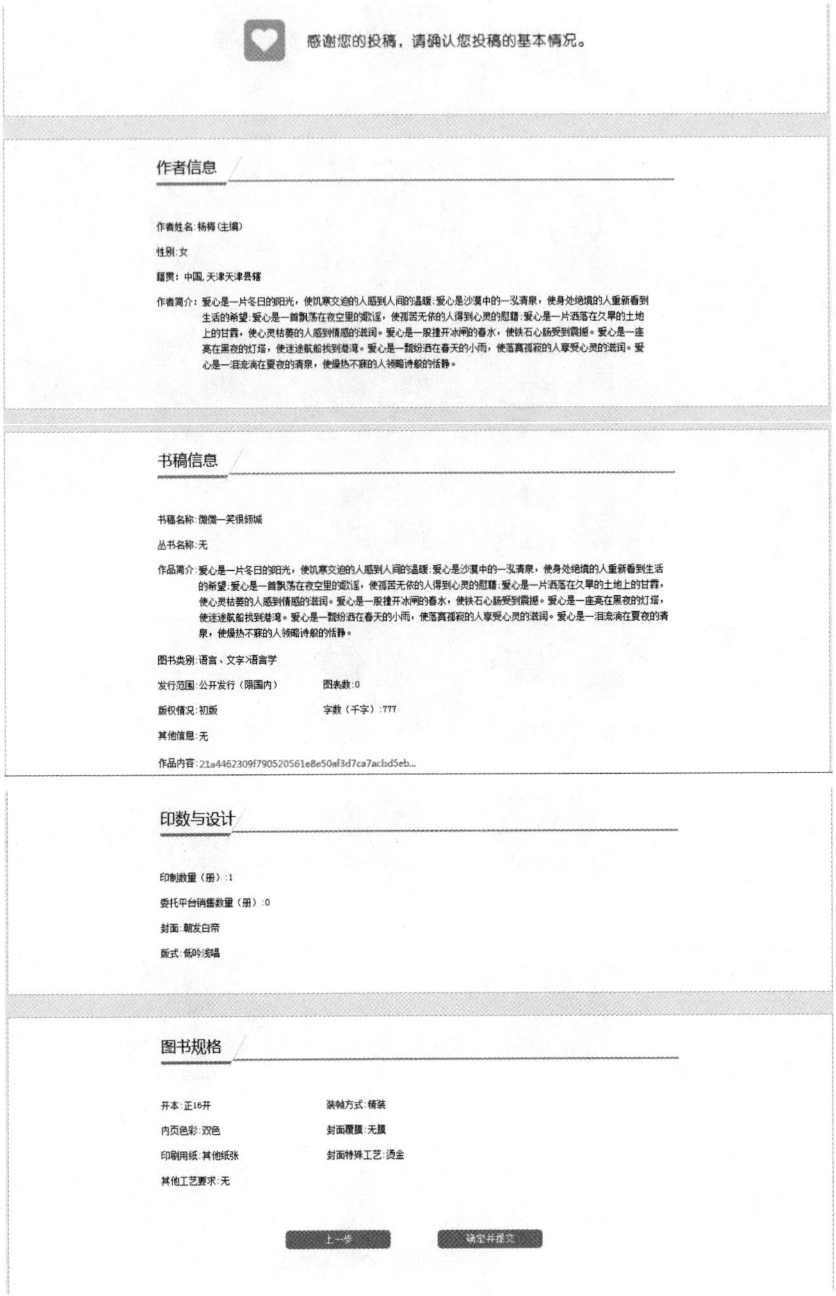

图2-74　确认订单

单击"上一步",进入图书规格页面;单击"确定提交",进入作品审核中,提示提交成功。

(6)作品审核中:单击"确定",进入个人中心-出版任务页面,可查看创建的任务(图2-75)。

图2-75　作品审核中页面

2.5.4　特色功能

(1)我的作品我做主:在平台提供的创建出版任务流程中,提供了作者可进行自主选择的图书内文版式设计及装帧设计功能,平台不定期更新版式模块及装帧模板,并提供特殊定制功能,在出版条件允许范围,作者可根据自己的喜好和作品类别,自定义自己的图书版式和装帧样式。

(2)自助出版自助销售:出版任务结束,图书正式出版后,作者可通过平台提供的出版作品管理模块,将自己的图书申请上架至平台"天健书库"模块,销售自己的图书,获取版权收益。

(3)快捷便利的出版流程:通过针对平台搭建的产品运营发布管理系

统，实现预审、签约、支付等一系列流程的网络化、便捷化，并通过将稿件直接推送至协同编撰系统，由专业编辑在线对作品进行编校加工，降低沟通成本和时间，快捷便利地为广大用户提供网上自助出版服务。

2.6 众筹出版

2.6.1 概述

众筹在中国是伴随互联网金融的发展而兴起的，在出版行业里，部分掌握图书内容资源的作者和出版社觉得一本书有出版的价值，却苦于资金短缺，无法完成出版。而众筹的魅力在于，能够将分散在各个角落的志同道合之人召集起来，共同完成一个项目，于是众筹出版成为一种创新的出版模式。

2.6.2 功能介绍

平台针对有出版创意的作者，提供众筹出版功能，众筹发起者在平台上填写众筹申请、发布众筹项目，支持者可根据自己对图书的喜好参与众筹项目。众筹成功后，可以选择在平台上自助出版，也可以选择提取众筹金额自行解决出版问题，并在平台的监管下完成对支持者的回报承诺。

2.6.3 主要业务流程

单击 [+发起众筹] ，未登录用户提示"请先登录"进入登录页面；已登录用户未提交身份认证或审核驳回时，提示"提交身份认证"，进入身份认证页面；已登录用户已提交身份认证但未审核时，提示"身份审核中"；已登录用户提交身份认证且通过审核时，进入天健众筹的发起众筹页面。

（1）项目信息：单击 [+发起众筹] ，页面跳转到发起众筹的项目信息填写页面（图2-76）：项目标题、项目封面、项目简介、众筹周期。单击"下一步"，进入众筹的详细描述。

图2-76 项目信息填写页面

（2）详细描述：详细描述页面默认添加显示一个文本框，可添加多个文本或图片、添加文本、标题、详情、添加图片、上传图片（图2-77）。

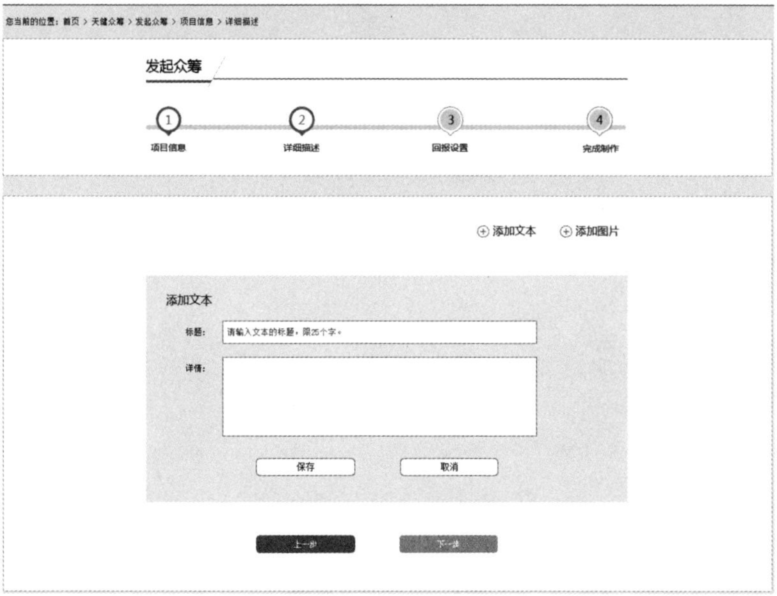

图2-77 详细描述页面

完成添加后单击"保存",当前添加文本或图片保存成功,文本框可编辑、删除。

单击"上一步"保存并跳转至项目信息页面;单击"下一步"进入回报设置页面。

(3)回报设置:单击 ⊕ 添加新的回报 可添加多个回报方式,页面默认显示回报方式1(图2-78)。

填写回报标题、支持金额、回报内容、人数上限。

单击"保存"完成添加,可对"回报方式"文本框进行编辑、删除;单击"取消",取消添加,可重新编辑添加。

单击"上一步"保存此页面并跳转至详细描述页面;单击"提交审核",进入完成制作页面。

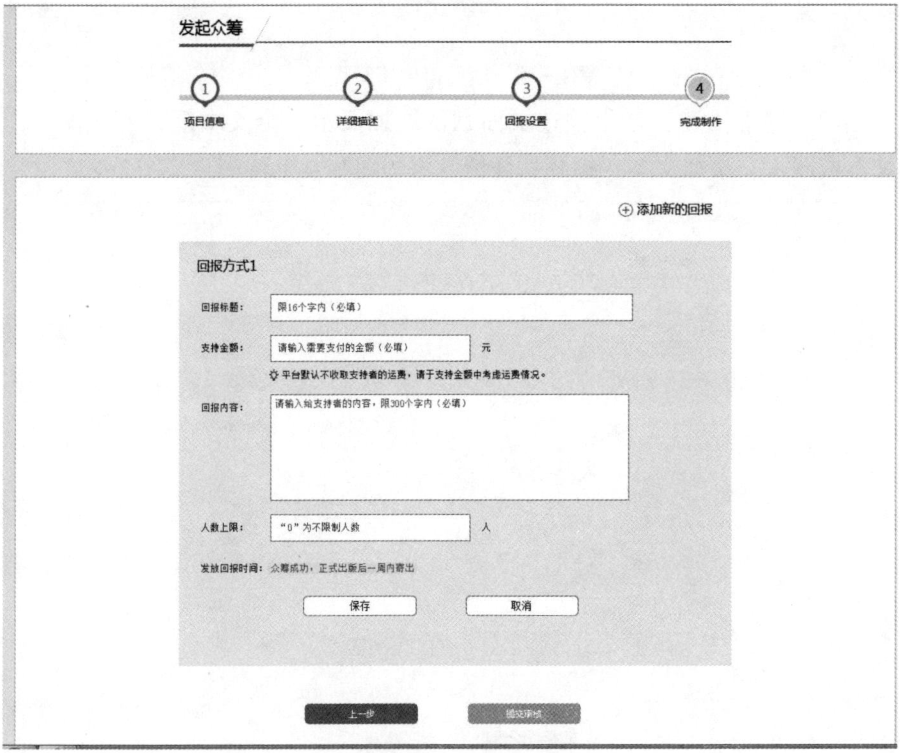

图2-78 回报设置

（4）完成制作：在"完成制作"页面中单击"前往查看"，可进入"我发起的众筹"查看众筹详情（图2-79）。

图2-79　完成制作

2.7　按需印刷

2.7.1　概述

咖啡处处可见，为何星巴克的咖啡与众不同？每一位顾客都是唯一的，没有人希望自己被当成"一般人"对待。星巴克的成功是由"星巴克伙伴"为每名顾客创造的特殊体验所造就的。而在文化行业，作者和读者对于"与众不同"的需求更是不胜枚举。而为个性化、小众用户打造的按需印刷应运而生，它按照用户的要求，提供高质量且快速的印刷、装订流程，能满足个性印刷、减少浪费及印刷品一步到位的需求，实现零库存、即时出书和可选择的个性印书。

2.7.2 功能介绍

通过平台提供的一键成书自动排版和在线修改功能，用户可以将自己的文章、随笔等作品在线上传到平台，在线制作自己的图册作品，并可将其申请发表到平台供他人在线阅读。同时，用户可自行选定印刷规格及装帧工艺提交印制订单，进行印刷收藏，圆用户一个作者梦。

平台提供的业务功能也可以直接提交已经排版完成的成品文件，自行选定印刷规格及装帧工艺，并能直接与出版社专业编辑沟通，为自己的印刷品提供印制建议，实现个性印刷需求。

2.7.3 主要业务流程

（1）我要印书：为用户提示"在线制作图册"及"提交印刷订单"两种功能，用户通过网络即可完成图册定制，方便快捷（图2-80）。

单击快印首页"我要印书"，进入快印阅读声明页面，单击"下一步"，进入选择印刷类型页面。

图2-80 选择印刷类型

（2）在线制作图册：单击"在线制作图册"进入设置参数页面（图2-81），选择参数类型（所有参数类型都是必选项，需用户手工选择），单击"下一步"，进入封面制作页面（图2-82）。

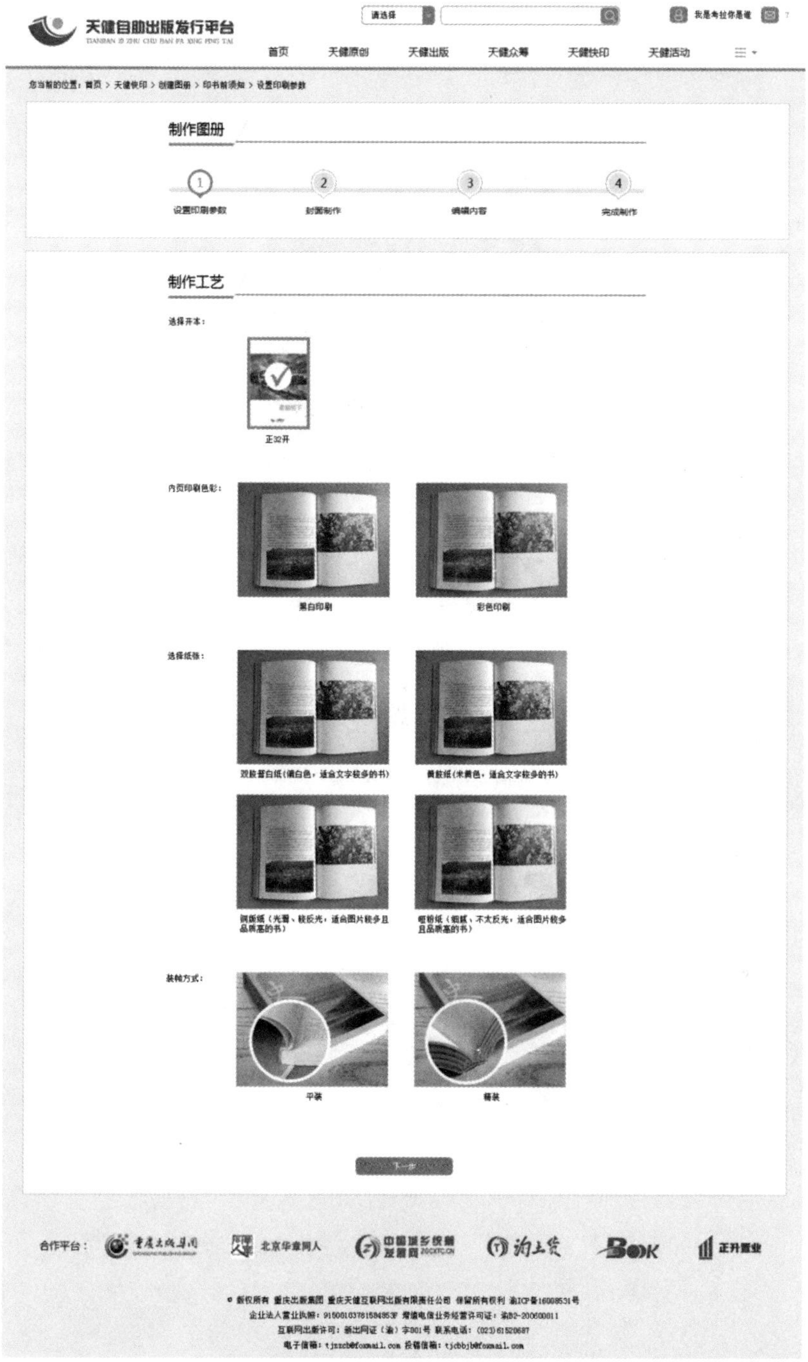
天健自助出版发行平台
首页
天健原创
天健出版
天健众筹
天健快印
天健活动
制作图册
设置印刷参数
封面制作
编辑内容
完成制作
制作工艺
选择开本：
正32开
内页印刷色彩：
黑白印刷
彩色印刷
选择纸张：
装帧方式：
平装
精装
下一步
合作平台：

图2-81　设置印刷参数

图2-82 封面制作

单击"更换封面图片",用户可选择本地电脑图片作为图册封面。系统提供用户多种模板封面,用户可选择模板封面作为图册封面,也可选择空白模板上传自己制作的图册封面(图2-83)。

图2-83　封面模板

填写标题:作者、上传作者头像、作品简介。

单击"上一步",返回图册参数页面,用户可重新设置图册参数。单击"下一步",进入编辑内容页面,用户输入添加的章节内容(图2-84)。

图2-84　编辑内容

添加图片。

用户单击"保存预览",系统提示添加成功后跳转至快印预览页面(图2-85)。

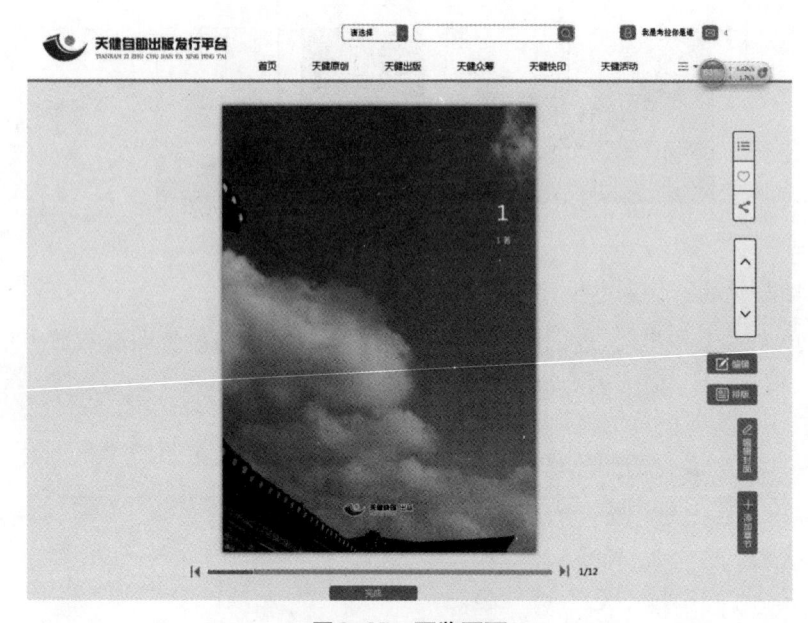

图2-85 预览页面

单击翻页可进行图册翻页操作,单击"编辑"进入章节编辑页面,可修改已添加的章节内容;单击"排版"可进入排版页面(图2-86),修改章节排版格式;单击"编辑"封面可进入编辑封面页面,用户可修改该封面内容重新提交;单击"添加章节"可进入添加章节页面,给该图册再次添加新的章节;单击"完成"系统提示完成创建(图2-87)。

单击"前往查看"系统跳转至个人中心—作者专区—快印作品下的快印图册中。

(3)提交印刷订单:单击提交印刷订单进入提交作品页面(图2-88),输入订单信息,单击"下一步"用户选择收货地址(图2-89);单击"提交订单"系统提示提交成功(图2-90);单击"查看订单"系统跳转至个人中心—我的订单—快印文件订单列表。

提交作品页面可填写印刷品名称、印刷品类型、上传文件、封面用纸/装帧方式、成品尺寸/彩色内页用纸/黑白内页用纸、封面覆膜、封面特殊工艺。

图2-86 排版页面

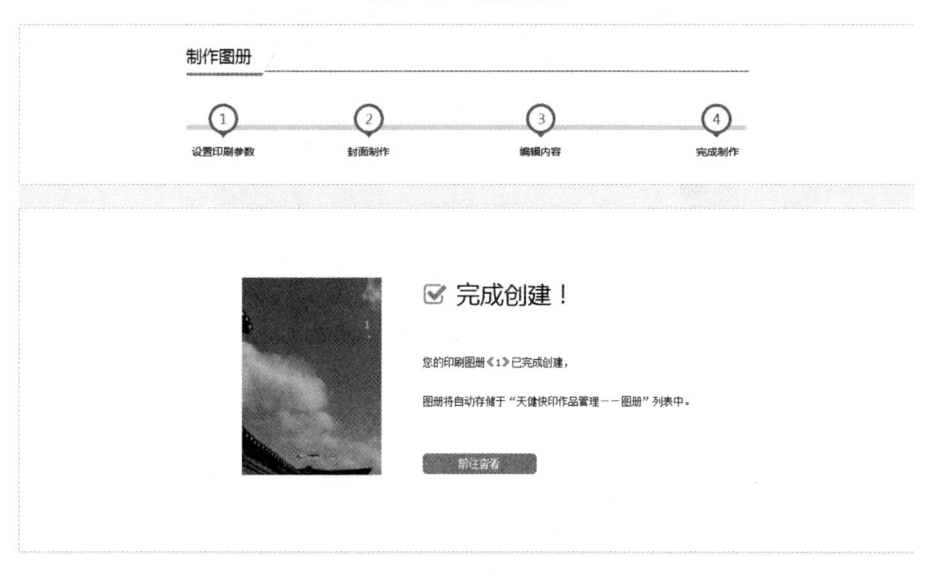

图2-87 完成创建页面

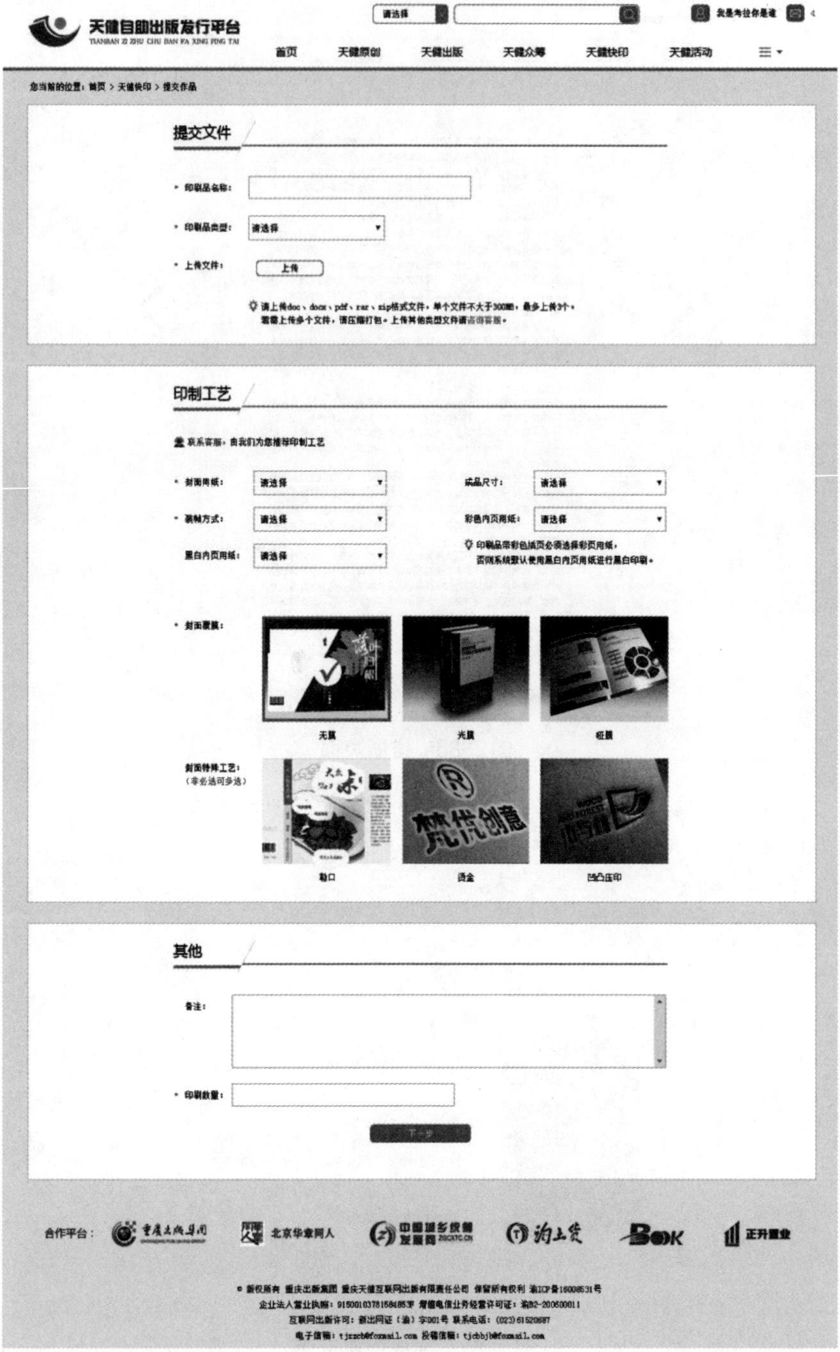
天健自助出版发行平台
TIANJIAN ZI ZHU CHU BAN FA XING PING TAI
请选择
首页
天健原创
天健出版
天健众筹
天健快印
天健活动
您当前的位置：首页 > 天健快印 > 提交作品
提交文件
* 印刷品名称：
* 印刷品类型：
请选择
* 上传文件：
上传
请上传doc、docx、pdf、rar、zip格式文件，单个文件不大于300M，最多上传3个。
若需上传多个文件，请压缩打包。上传其他类型文件请咨询客服。
印制工艺
联系客服，由我们为您推荐印制工艺
* 封面用纸：
请选择
成品尺寸：
请选择
* 装帧方式：
请选择
彩色内页用纸：
请选择
黑白内页用纸：
请选择
印刷品带彩色插页必须选择彩页用纸，
否则系统默认使用黑白内页用纸进行黑白印刷。
* 封面覆膜：
无膜
光膜
哑膜
封面特殊工艺：
（非必选可多选）
梵优创意
磨口
烫金
凹凸压印
其他
备注：
* 印刷数量：
下一步
合作平台：
北京华章同人
正升置业
© 版权所有 重庆出版集团 重庆天健互联网出版有限责任公司 保留所有权利 渝ICP备16008531号
企业法人营业执照：91500103781584853F 增值电信业务经营许可证：渝B2-20050011
互联网出版许可：新出网证（渝）字001号 联系电话：(023)61520687
电子信箱：tjzzcb@foxmail.com 投稿信箱：tjcbbjb@foxmail.com

图2-88 提交作品

图2-89 选择收货地址

图2-90 提交成功

2.7.4 特色功能

（1）一键成书：上传符合规定的一切文字和图片，可在通过平台实现自动排版，一眨眼的工夫，一本书就编排完成，提交印刷订单之后就可以印刷成为纸质书籍。

（2）个性定制：平台提供用户个性定制，传统印刷联合数码印刷，在纸张与印制装帧工艺上，满足绝大多数用户的个性化需求。

2.8 书库商城

2.8.1 概述

平台的书库商城模块旨在为作者完善一个获取版权收益的创作环境。通过该模块，用户可以将在平台上写作的原创文学、制作的专属图册、成功出版的图书，或符合条件的其他作品申请加入"天健书库"，供他人在线试读订阅、印制收藏，以获得版权收益。

同时，重庆出版集团重庆出版社海量图书资料入库，为平台用户提供大量的电子书阅读资源和与出版社面对面的图书购买渠道。

2.8.2 功能介绍

天健书库模块在提供热销图书购买渠道及电子书在线试读、订阅的基础上，利用数字印刷技术，特推出按需印刷（POD）服务，专为满足断版书籍、特色书籍的印刷需求，解决许多图书因需求量少，市场上已断版，出版社因节省资源和经营成本无法实现大规模印刷发行，导致喜爱这类图书的用户无处购买的问题（图2-91）。

图2-91 按需印刷首页

2.8.3 出版热销/断版经典/独家特供

分类栏分为断版经典、独家特供、出版热销（图2-92）。

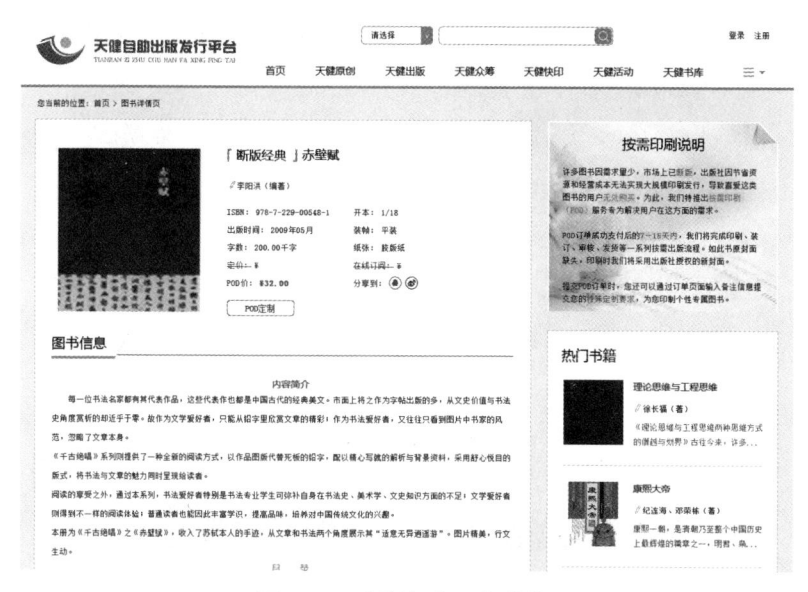

图2-92 断版经典图书详情页

2.9 APP客户端

2.9.1 概述

APP（Application）一般指安装在智能手机上的应用程序。因为移动互联网的快速崛起和移动硬件的迅速发展，移动手机应用开始大规模发展，市场上出现大批高质量的手机应用。手机淘宝和手机京东APP分别如图2-93和图2-94所示。

2.9.2 智能手机及手机操作系统

（1）智能手机：随着科技的发展，手机的功能越来越多、越来越强大。智能手机像个人电脑一样，具有独立的操作系统、独立的运行空间，可以由用户自行安装软件、游戏和导航等第三方服务商提供的程序，并可以通过移动通信网络实现无线网络接入。

图2-93　手机淘宝APP　　　　图2-94　手机京东APP

智能手机一般具有六大特点：可以无线接入互联网；具有掌上电脑的功能；具有开放的操作系统；充分人性化；可安装应用程序；运行速度快。

智能手机如图2-95所示。

图2-95　智能手机

（2）手机操作系统：目前应用在手机上的操作系统主要有：Android（谷歌）、iOS（苹果）、Windows Phone（微软）、Symbian（诺基亚）、BlackBerry OS（黑莓）和Windows Mobile（微软）等。苹果和安卓两款系统凭借其强大优势，占领手机市场大部分份额。

Android 是首个为移动终端开发的真正开放和完整的移动软件。Android 平台最大的优势是开发性，允许任何移动终端厂商、用户和应用开发商加入 Android 联盟，允许众多厂商推出功能各具特色的应用产品。平台提供给第三方开发商宽泛、自由的开发环境，由此诞生丰富的、实用性好、新颖、别致的应用。产品具备触摸屏、高级图形显示和上网功能，界面友好，它是移动终端的 Web 应用平台。Android 系统如图2-96所示。

iOS 是由苹果公司开发的手持设备操作系统。iOS 系统如图2-97所示。

图2-96　Android 系统　　　图2-97　iOS 系统

2.9.3　APP 开发意义

智能手机和移动互联网的发展为手机 APP 开发与推广提供了强大的技术支持。APP 应用的开发与推广成了移动互联网行业的一个巨大的市场。智能手机 APP 开发的服务已涉及酒店、美容、汽车、医疗、旅游、地产、服装、商场、娱乐和传媒等产业。

APP 开发的意义很广泛，主要有以下几种：①建立自有销售平台；②二维码应用；③建立强大的用户数据库；④增强数据互通，构建通信供应链；⑤建立社会化营销渠道。

2.9.4　APP开发工具

APP开发工具使APP开发变得简便、快速，企业可以将精力放在商业模式的制定与运营上，从而提高整体效率。国内外涌现众多APP快速开发工具，包括APICloud、AppMobi、Titanium、MoSync、Intel XDK、RhoMobile、Bedrock和LiveCode等。使用这些工具，开发者只要掌握HTML5、CSS和JavaScript知识，便可轻松开发APP；基于开发工具的大量模块功能，使得APP开发具有完美的原生体验。

（1）APICloud移动开发平台是目前最热门的工具之一，其产品为移动开发者从"云"和"端"两个方向提供API，简化移动应用开发技术，大幅提升移动应用开发和管理的效率。APICloud由"云API"和"端API"两部分组成，可以帮助开发者快速实现移动应用的开发、测试、发布、管理和运营的全生命周期管理。APICloud开发案例"春秋航空"APP如图2-98所示。

图2-98　APICloud开发案例"春秋航空"APP

（2）AppMobi：移动开发公司AppMobi正不断地巩固其在HTML5的工

具包，它们不希望只是开发一些框架或者一些Web应用替代方案。AppMobi希望在其移动平台上推进HTML5的发展。AppMobi推出了全新开发工具XDK，使得开发者可以使用HTML5构建网络和移动平台的应用程序。最终代码既可以用来进行HTML5应用程序开发，也可以用于多平台应用程序开发。

（3）Titanium：是Appcelerator公司旗下一款开源的跨平台开发框架，它和Phone Gap及Sencha Touch一样，开发者使用HTML/CSS/JS开发原生的桌面及移动应用，还支持Python、Ruby和PHP。Titanium最大的特点是基于硬件开发，开发过程中所创建的应用可选择存储在设备或云端之上。

（4）MoSync：是一款FOSS跨平台移动应用程序开发SDK工具，主要用于移动游戏开发，它基于标准的Web编程技术。SDK为开发人员提供了集成的编译器、代码库、运行时环境、设备配置文件及其他的实用工具。MoSync包括基于Eclipse的集成开发环境（IDE），用于C/C++编程，计划支持JavaScript、PHP、Ruby、Python及此类其他语言。

2.9.5 天健自出版APP

进入首页，首页显示天健活动、天健原创、天健众筹、天健出版、天健快印，单击可进入相应资源详情界面（图2-99）。

图2-99　天健自出版APP首页

（1）模块菜单：显示菜单天健原创、天健出版、天健众筹、天健快印、天健活动，单击菜单可进入相应模块（图2-100）。

图2-100 模块菜单

（2）个人中心：用户登录后在"我"界面中可进入个人中心页面（图2-101），显示出用户信息（邮箱、手机、用户名、性别、生日、简介），Web端维护过的信息APP端会同步显示。

图2-101 个人中心

（3）原创文学：进入天健原创界面，界面包含天健原创Banner、菜单、作者福利计划、精选长篇、精选短篇。

①长篇作品：单击菜单"长篇作品"，进入长篇作品列表页面，显示内容包含封面、名称、作者、分类、状态及简介等信息，推荐至天健原创首页的会显示"热推"标识。APP端长篇作品列表与Web端天健原创长篇作品列表同步（图2-102）。

图2-102　长篇作品

②短篇作品：单击菜单"短篇作品"，进入短篇作品列表页面，显示内容包含封面（显示作者头像，头像未维护的显示默认封面）、名称、作者、分类、简介等信息，推荐至天健原创首页的会显示"热推"标识。APP端短篇作品列表与Web端天健原创短篇作品列表同步（图2-103）。

③作品榜单：单击"作品榜单"，进入长篇作品榜单列表界面，显示内容包含排序号、封面、名称、作者、分类、状态、简介等信息，单击"点击榜""VIP月点击榜""最新上架"，可按照选择的进行排序显示，显示内容与Web端天健原创首页"作品榜单"处一致（图2-104）。

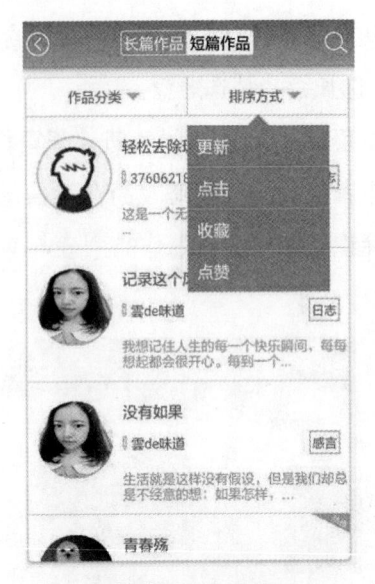

图2-103　短篇作品

图2-104　作品榜单

④ 原创事迹：单击原创事迹，进入原创事迹列表界面（图2-105），显示标题、时间和来源；原创事迹列表显示内容与Web端天健原创原创事迹列表一致，单击可进入原创事迹详情界面（图2-106）。

图 2-105　原创事迹列表

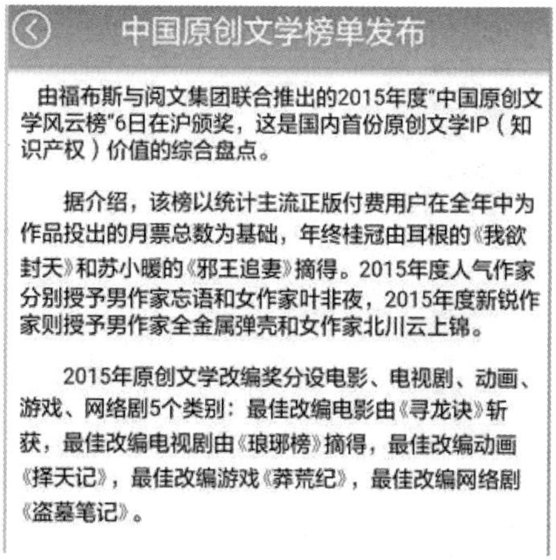

图 2-106　原创事迹详情界面

⑤ 作者福利计划：该计划中显示作者的头像和用户名，该处作者为 Web 端后台"会员管理—会员列表—认证用户"菜单下推荐（图 2-107）。

图2-107　作者福利计划

⑥精选长篇和精选短篇：数据来源为Web端天健原创首页的长篇精选（图2-108）和短篇精选（图2-109），显示内容包含封面、名称、作者、分类、简介及"热推"标识，其中长篇精选还显示作品状态；单击作品可进入详情界面。

图2-108　精选长篇

112

图2-109　精选短篇

⑦作品详情页：长篇作品详情页与短篇作品详情页有所不同。

长篇作品列表中单击该作品可进入详情页面，页面显示包含作品的基本信息（图2-110）。其中，浏览数、订阅数、收藏数、点赞数与Web端显示一致。

图2-110　长篇作品详情页面

短篇作品列表中单击该作品进入详情页面，页面显示包含作品的基本信息，其中，浏览数、收藏数、点赞数与Web端显示一致（图2-111）。

图2-111　短篇详情页面

（4）自助出版：进入"天健出版"界面（图2-112），界面包含自助出版流程、出版常识、出版图书精选、优秀作者。其中，Banner为Web端上传，轮播显示，单击可进入相应链接；自助出版流程包含提交订单—预审—签约—编审—支付—印制物流—完成，此处出版流程只是显示，不可单击操作；输入天健出版作品名称可进行搜索。

图2-112　天健出版首页

① 出版常识：单击"出版常识"，进入出版常识页面，页面中显示一些出版常识（图2-113）。

图2-113　出版常识

② 出版图书精选：APP端出版图书精选取自Web端天健出版首页出版图书精选资源（图2-114）。

图2-114　出版图书精选

③ 出版图书列表：列表页面中显示全部出版图书，图书显示与Web端天健出版图书列表一致（图2-115）。

图 2-115　出版图书列表

④ 出版图书详情页面：单击"出版图书"，进入详情页面，页面显示包含图书基本信息（图 2-116）。

说明：APP端不提供购买，如需购买可前往天健自助出版发行平台官方网站购买。

图 2-116　出版图书详情页面

⑤ 优秀作者：显示与Web端天健出版首页优秀作者一致，显示内容包含作者头像、名称和简介，此处只有列表显示，无详情页面（图 2-117）。

图2-117 优秀作者

（5）众筹出版：进入天健众筹界面（图2-118），界面包含众筹出版、热门推荐、即将完成。其中，Banner为Web端上传，轮播显示，单击可进入相应链接；众筹出版为固定显示内容；输入众筹名称可进行搜索。

图2-118 天健众筹首页

① 热门推荐和即将完成

APP端热门推荐列表显示与Web端天健众筹热门推荐一致（图2-

119），显示内容包含封面、名称、简介、状态、进度、已筹款、目标金额、支持人数，单击可进入详情页面（图2-120）。

图2-119　热门推荐和即将完成

图2-120　众筹列表

② 众筹详情页面

在列表中单击"众筹",进入详情页面(图2-121),页面显示包含详细信息、支持、项目进展、支持记录、评论。

图2-121　详细信息

(6)按需印刷:进入天健快印界面,界面包含按需印刷(图2-122)、一键成书、美丽画册。其中,Banner为Web端上传,轮播显示,单击可进入相应链接。

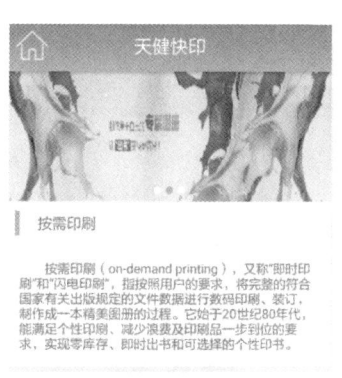

图2-122　按需印刷

① 一键成书:显示印书流程,发布图文、自助设计、闪电做书、全国派送,这里只显示无操作(图2-123)。

图2-123　一键成书

②美丽画册显示与Web端天健快印首页美丽画册显示一致，显示封面、名称和作者（图2-124）。

图2-124　美丽画册

③阅读：单击"画册"进入阅读界面，上下滑动页面可进行阅读（图2-125）。

图2-125　阅读页面

（7）活动：进入天健活动界面，界面包含活动分类、活动列表。其中，Banner为Web端上传，轮播显示，输入活动名称可进行搜索（图2-126）。

图2-126　天健活动首页

① 首页活动列表（图2-127）：单击某一分类，活动列表中会显示该分

类下的活动。

列表中显示内容包含活动封面、活动名称、时间、地点、状态、浏览人数、点赞人数，其中可参加的活动类型会显示出报名人数，推荐为热门活动的会显示"热门"标识（图2-128）。

图2-127　首页活动列表

图2-128　更多页面

② 活动详情页面：单击"活动"进入活动详情页面，不同类型的活动详情页面显示不同。

新书试读类型详情页面（图2-129）中还显示"试读报告"和"免费抢书"。

图2-129　新书试读详情页面

活动详情/活动回顾（图2-130）：单击"活动详情"可查看详情，单击"活动回顾"可查看回顾，内容多时可单击"查看全文"。活动详情和活动回顾都为Web端添加，APP端只可查看。

图2-130　活动详情和活动回顾

③参加活动。

新书试读：活动状态为"进行中"，登录APP的用户可参加活动，单击"免费抢书"弹出信息填写框，输入信息后单击"提交"即可报名（图2-131），活动结束之后，报名审核通过的用户在APP端可填写试读报告，活动详情页面中单击"试读报告—填写试读报告"可进行填写（图2-132）。

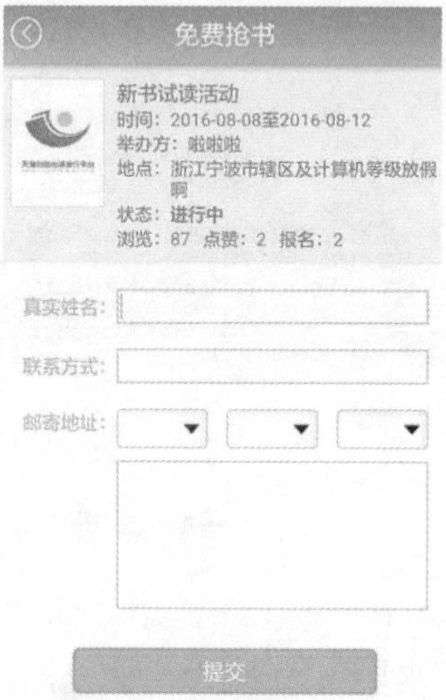

图2-131 "免费抢书"报名

图2-132 填写试读报告

投票：活动状态为进行中的，可进行投票，登录用户单击"投票"进入投票列表页面，对其中一个投票项单击"投票"即投票成功，投票后该用户对活动的其他投票项将不能再次投票（图2-133）。

图2-133　投票

在线报名：活动状态显示为报名中的可进行在线报名，登录用户单击"报名"，弹出报名信息填写页面，填写信息后单击"报名"即可报名（图2-134）。

图2-134　在线报名

推荐会/抽奖/活动宣传/征文类型的活动在APP端只展示。

2.10 WWW网站

2.10.1 概述

WWW是环球信息网（World Wide Web）的缩写，中文名字为"万维网"，常简称为Web。它分为Web客户端和Web服务器程序。WWW允许Web客户端（如浏览器）访问浏览Web服务器上的页面。WWW是一个由许多互相链接的超文本组成的系统，通过互联网访问。在这个系统中，每个有用的对象，称为资源；并且由"统一资源标识符"（URL）标识；这些资源通过超文本传输协议（Hypertext Transfer Protocol）传送给用户，而用户通过单击链接获取资源。

万维网是无数网络站点和网页的集合，它们一起构成互联网最主要的组成部分。它是多媒体的集合，由超级链接连接而成。

万维网并不等同于互联网，万维网只是互联网提供的服务之一，它是依靠互联网运行的一项服务。互联网始于1969年美国的阿帕网，它是网络与网络之间所连成的庞大网络，这些网络以一组通用的协议相连，形成逻辑上的单一巨大国际网络，在此基础上发展出覆盖全世界的全球性互联网络。

2.10.2 相关概念

（1）TCP/IP（Transmission Control Protocol/Internet Protocol）协议，即传输控制协议/互联网互联协议，它是互联网最基本的协议，由网络层的IP协议和传输层的TCP协议组成。TCP/IP定义电子设备如何连入互联网，以及数据如何在它们之间传输的标准。

（2）HTTP和FTP协议。HTTP（Hypertext Transfer Protocol），即超文本传输协议。HTTP提供访问超文本信息的功能，它是WWW浏览器和WWW

服务器之间的应用层通信协议。HTTP协议是用于分布式协作超文本信息系统的、通用的和面向对象的协议。通过扩展命令，它可用于类似任务。例如，域名服务或分布式面向对象系统。WWW使用HTTP协议传输各种超文本页面和数据。

FTP，即文件传输协议。它是互联网中用于访问远程机器的一个协议，它使用户可以在本地机和远程机之间进行有关文件的操作。FTP协议允许传输任意文件并且允许文件具有所有权与访问权限。也就是说，通过FTP协议，可以与互联网上的FTP服务器进行文件的上传或下载动作。

（3）IP地址和域名。IP地址是指互联网协议地址（Internet Protocol Address），它是IP协议提供的一种统一的地址格式，它为互联网上的每一个网络和每一台主机分配一个逻辑地址。在互联网中，它是使连接到网上的所有计算机网络实现相互通信的一套规则，规定计算机在互联网上进行通信时应当遵守的规则。

域名（Domain Name），是由一串点分隔的名字组成的互联网上某台计算机或计算机组的名称，用于在数据传输时标识计算机的电子方位。一个域名对应一个IP地址，域名是便于记忆和沟通的一组服务器的地址（网站、电子邮件和FTP等）。例如，腾讯网域名为www.qq.com，其对应的IP地址为182.254.18.159。

（4）URL即统一资源标识符，它是世界通用的负责万维网上资源定位的系统。互联网上的每个文件都有唯一的URL，它包含的信息包括文件的位置以及浏览器的处理方式。例如，腾讯网主页的URL为http：//www.qq.com/。

（5）超文本、超链接和超文本标记语言（HTML）。超文本是用超链接的方法将各种不同空间的文字信息组织在一起的网状文本。超文本是一种用户界面范式，用以显示文本及与文本之间相关的内容。超文本普遍以电子文档方式存在，其中的文字包含可以连接到其他位置或文档的链接，允许从当前阅读位置直接切换到超文本链接所指向的地址。

超链接是WWW上的一种链接技巧，它内嵌在文本或图像中。通过已定义好的关键字和图形，只要单击某个图标或某段文字，就可以自动连接对应的文件。

超文本标记语言（HTML）定义超文本文档的结构和格式。超文本标记语言的结构包括"头"（Head）部分和"主体"（Body）部分，其中"头"部分提供有关网页的信息，"主体"部分提供网页的具体内容。

（6）网页和网站。网页是网站的基本信息单位，它是WWW的基本文档。它由文字、图片、动画和声音等多种媒体信息以及链接组成，它是用HTML编写的，通过链接实现与其他网页或网站的关联和跳转。

网站由网页构成，网站的全部功能通过网页内容来体现。通常把网站的首页称为主页（homepage）。搜狐网站主页如图2-135所示。

图2-135 搜狐网站主页

2.11 微信

2.11.1 概述

微信是腾讯公司提供的跨平台通信工具，支持单人、多人参与，发送语音、短信、视频、图片和文字等即时通信服务，由关系链拓展工具、便捷工具、微信公众账号和开放平台等软件系统和服务组成。

2.11.2 微信的版本

微信包括手机版微信、电脑版微信和网页版微信。微信客户端软件提供 iOS、Android、Windows Phone、Symbian、BlackBerry、Windows、Mac 等多个应用版本，用户必须选择与所安装终端设备相匹配的软件版本。

2.11.3 微信的基本功能

（1）聊天：支持发送语音短信、视频、图片（包括表情）和文字进行聊天，支持多人群聊。微信聊天如图2-136所示。

图2-136　微信聊天

（2）添加好友：微信支持查找微信号添加好友、查看QQ好友添加好友、查看手机通讯录和分享微信号添加好友、通过摇一摇添加好友、通过二维码查找添加好友和漂流瓶接受好友等7种方式。

（3）实时对讲机功能：用户可以通过语音聊天室和一群人进行语音对讲。

2.11.4 微信支付

微信支付服务是财付通依托微信及微信公众平台为收付款人之间提供的货币资金转移服务。微信支付是集成在微信客户端的支付功能，用户可以通过手机完成快速的支付流程。微信支付向用户提供安全、快捷、高效的支付服务，以绑定银行卡的快捷支付为基础。微信支付如图2-137所示。

图2-137 微信支付

微信支付包括五种场景。

（1）公众号支付：用户在微信中打开商户的H5页面，商户在H5页面通过微信支付提供的JSAPI接口调用微信支付模块完成支付。

（2）APP支付：商户通过在移动端应用APP中集成开放SDK调起微信支付模块完成支付的模式。适用于商户在移动端APP中集成微信支付功能。

（3）扫码支付：商户系统按微信支付协议生成支付二维码，用户用微信"扫一扫"完成支付。该模式适用于实体店单品或订单支付、媒体广告支付等场景。

（4）刷卡支付：用户出示用户端二维码（条码），商户用特定装备扫描该二维码（条码）完成支付。

（5）H5支付：商户在微信客户端外的移动端网页展示商品或服务，用户在页面使用微信支付时，商户发起本服务拉起微信客户端，引导用户使用微信支付。

2.11.5 微信公众平台

微信公众平台是腾讯公司向用户提供的信息发布、客户服务、企业管理及与此相关的互联网技术服务。微信公众平台如图2-138所示。微信公众账号分为订阅号、服务号、小程序和企业号四种。

（1）订阅号：为媒体和个人提供一种新的信息传播方式，主要功能是在微信侧给用户传达资讯（类似报纸杂志，提供新闻信息或娱乐趣事）。适用个人、媒体、企业、政府或其他组织。订阅号1天内可群发1条消息。

（2）服务号：为企业和组织提供更强大的业务服务与用户管理能力，主要偏向服务类交互（类似12315、114、银行提供绑定信息、服务交互等）。适用媒体、企业、政府或其他组织。服务号1个月内可发送4条群发消息。北京银行信用卡微信公众平台如图2-139所示。

图2-138　微信公众平台　　图2-139　北京银行信用卡微信公众平台

（3）小程序：提供一系列工具帮助开发者快速接入并完成小程序开

发，小程序可以在微信内便捷地获取和传播，同时具有出色的使用体验。

（4）企业号：企业用户的员工、关联组织与企业内部信息网络系统建立联系的移动应用平台。企业号可以高效地帮助政府、企业及组织构建自己独有的生态系统，随时随地的连接员工、上下游合作伙伴及内部系统和应用，实现业务及管理互联网化。

2.11.6 微信开放平台

微信开放平台主要包括移动应用开发、网站应用开发、公众账号开发和公众号第三方平台开发。

（1）移动应用开发：接入微信开放平台，让移动应用支持微信分享、微信收藏和微信支付。成功案例包括大众点评、同程旅游、QQ音乐和腾讯新闻等。

例如，同程旅游在旗下手机客户端中，为旅游、景区和团购等多项业务增加分享到微信好友和朋友圈的功能。用户分享后，单击可以直接进入同程网的相关链接，在微信中快捷查看和社交传播。同程旅游移动应用如图2-140所示。

图2-140　同程旅游移动应用

（2）网站应用开发：接入微信开放平台，让网站支持使用微信账号来登录。成功案例有易迅网。

例如，易迅网通过接入网站应用开发，为用户提供微信登录功能，降低注册门槛，并可在用户授权后，获取用户基本信息，包括头像、昵称、性别、地区。易迅网网站应用如图2-141所示。

图2-141　易迅网网站应用

（3）公众账号开发：接入微信开放平台公众账号开发，为亿万微信用户提供便捷的服务。成功案例包括南方航空、广东联通和招商银行等。

例如，南方航空公众账号可以办理值机手续，挑选座位，查询航班信息，查询目的地城市天气，并为明珠会员提供专业的服务。南方航空公众账号如图2-142所示。

图2-142　南方航空公众账号

(4)公众号第三方平台开发：公众号第三方平台的开放，让公众号运营者在面向垂直行业需求时，可以通过一键登录授权给第三方开发者来完成相关能力。

2.12 微博

2.12.1 概述

微博是一种通过关注机制分享简短实时信息的广播式的社交网络平台，它是一个基于用户关系信息分享、传播及获取的平台。用户可以通过WEB、WAP等各种客户端组建个人社区，以140字（包括标点符号）的文字更新信息，并实现即时分享。微博的关注机制分为可单向、可双向两种。

微博主要包括新浪微博、腾讯微博、网易微博和搜狐微博等。新浪微博如图2-143所示。

图2-143 新浪微博

2.12.2 微博的特点

（1）信息获取具有很强的自主性、选择性。用户可以根据自己的兴趣偏好，依据对方发布内容的类别与质量，来选择是否"关注"某用户，并可以对所有"关注"的用户群进行分类。

（2）微博宣传的影响力具有很大弹性，与内容质量高度相关。其影响力基于用户现有的被"关注"的数量。用户发布信息的吸引力、新闻性越强，对该用户感兴趣、关注该用户的人数也越多，影响力越大。此外，微博平台本身的认证及推荐亦有助于增加被"关注"的数量。杨幂的微博如图2-144所示。

图2-144　杨幂的微博

（3）内容短小精悍。微博的内容限定为140字左右，内容简短，不需长篇大论，门槛较低。

（4）信息共享便捷迅速。可以通过各种连接网络的平台，在任何时间、任何地点即时发布信息，其信息发布速度超过传统纸媒及网络媒体。

2.13　微网站

2.13.1　概述

微网站，是源于WebApp和网站的融合创新，兼容iOS、android、WP等各大操作系统，可以方便地与微信、微博等应用链接，适应移动客户端浏览市场对浏览体验与交互性能要求的新一代网站。

微网站与微信公众平台不同。微信公众平台在微信申请，微网站通过域名和主机搭建网站。微网站不仅与微信公众平台绑定，拥有微信公众平台的所有功能，而且具有个人网站的自由操作性和可控性；微信公众平台发布广告数量受到严格限制，微信网站可自由发布广告。伊利微网站和海康威视微网站分别如图2-145和图2-146所示。

图2-145 伊利微网站　　图2-146 海康威视微网站

2.13.2 主要特点

微网站不用单独注册域名；不用购买空间；不用进行网站备案；不用复杂的操作。计算机和手机同步销售；可以植入微信和微博；随时上传、编辑产品；具有专属独立的银行账户；可随时设置促销和秒杀；全自动积累客户资源；商品分类可以实现一键导入；随喜好设置店铺风格；可以随时制作与修改的网站。

微网站主要为商家和个人考虑，开创"所见即所得"的精简版面设计；一看即会操作，无须任何技术人员就能编辑自己的网站。

微网站具有会员卡功能，可享受企业网站会员尊贵；具有传统网站的报名、留言、在线下单和支付等功能。

2.13.3 技术标准

（1）采用DIV+CSS技术布局，简洁大方，具有良好可拓展性。
（2）应用HTML5技术，提升浏览体验与交互性能。
（3）内容短小精悍。
（4）手机端网站，方便用户浏览。

2.13.4 商业价值

微网站开发带来的营销模式更适应现代网站的发展趋势，微网站的开发具有很好的商业价值，其面对的受众是5亿左右的微信用户，蕴含的商机无限。

将企业微网站植入微信公众平台，关注公众平台即可访问网站。以微网站开发技术展示企业产品的这种方式非常灵活，并且容易接受。

微网站把公司开设在微信上，把自己的生意装到用户的手机里。企业通过微网站发布产品和服务，让顾客了解自己，并通过后续的跟进实现商品的成交。移动互联网交易便捷，因此微网站快速蓬勃地发展起来。基于微信发展的微网站，借助微信平台充分发挥自己的作用，微网站必将成就企业的商业价值。

2.13.5 功能模块

微网站主要具有以下功能：自动显示独立网址；添加商家名称；添加商家图片；自由编辑商家简介；随时发布最新公告；精选商品的展示和预定；发布各种优惠信息；添加与修改通讯方式；设置所属行业、地区和地址；实名认证；发布微视频；自定义板块；留言板；积分统计与奖励；添加外部链接。

2.14 其他客户端

2.14.1 概述

在计算机世界，凡是提供服务的一方称为服务端（Server），而接受服务的另一方称作客户端（Client）。

客户端（Client）或称用户端，是指与服务器相对应，为客户提供本地服务的程序。除了一些只在本地运行的应用程序之外，一般安装在普通的客户机上，需要与服务端互相配合运行。随着互联网的发展，较常用的用户端包括万维网使用的网页浏览器，收寄电子邮件的电子邮件客户端，以及即时通信的客户端软件等。对于这类应用程序，网络中需要相应的服务器和服务程序来提供相应的服务，如数据库服务和电子邮件服务等。在客户机和服务器端，需要建立特定的通信连接保证应用程序的正常运行。

2.14.2 结构模式

（1）CS（Client-Server）模式：顾名思义为客户端-服务器模式。客户端和服务器交互的方式可以通过自定义协议、公共协议（FTP、HTTP）等各种方式进行。

CS模式最大的好处是可以相对灵活实现各种预期的功能和特效，所受的限制为系统提供的底层功能或开发工具的限制。

CS模式最大的缺点是大部分功能新增、界面调整和逻辑变更等需要更新客户端来实现。

（2）BS（Browser-Server）模式：顾名思义为浏览器-服务器模式。

BS模式产品最大的好处是可以灵活实现逻辑变更、内容动态变更和界面布局调整等。

BS模式产品的不足是受限于实现的浏览器标记集和浏览器能力，许多特殊效果无法通过浏览器实现。

（3）CS模式和BS模式结合：综合考虑灵活性和实现效果，不少客户端选择CS模式和BS模式结合，至于其中CS和BS所占的比例则根据所需要实现的功能和表现形式来决定。

例如，手机QQ中涉及IM部分均为CS模式，因为这部分很难通过BS模式支持的协议来表现；而资讯、音乐、书城和股票等频道通过BS模式来表现。手机QQ音乐中除音乐门户采用BS模式外，其他都是采用CS模式。

2.14.3 游戏客户端

游戏客户端，是指与游戏服务器相对应，为客户提供本地服务的程式。一般安装在普通的用户电脑上，需要与游戏伺服端互相配合运行。服务端为游戏数据库服务，而客户端就是游戏数据使用端。QQ游戏客户端如图2-147所示。

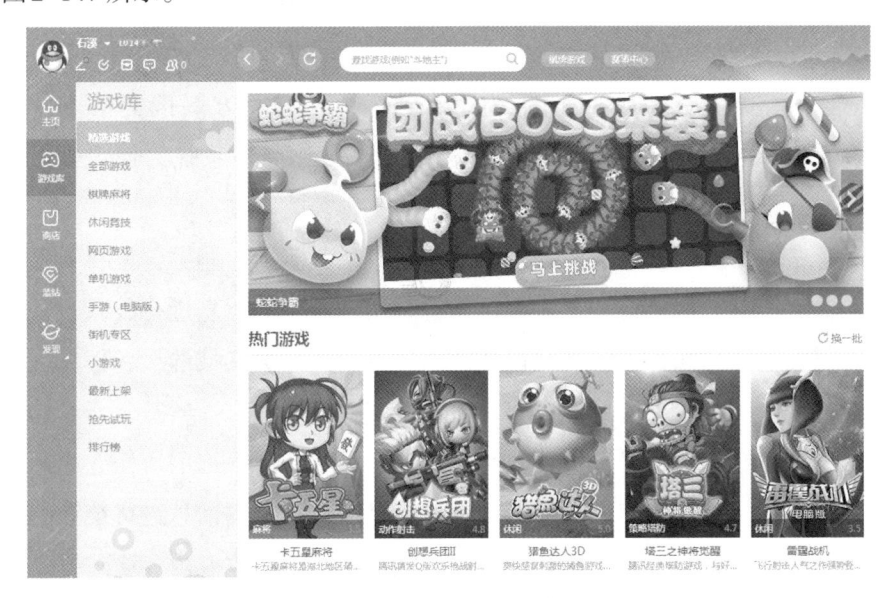

图2-147　QQ游戏客户端

第3章 媒体监测系统

3.1 概述

信息化是当今时代发展的大趋势，信息技术代表着先进生产力。随着互联网时代的到来，互联网中呈现的信息各式各样。如何有效地从海量的信息中提取对自己有效的信息，能否及时掌握自己关注领域的动态信息至关重要。

媒体监测是对互联网上公众的言论和观点进行监视和预测的行为。这些言论主要为对现实生活中某些热点、焦点问题所持的有较强影响力、倾向性的言论和观点。通过舆情监测可以快速掌握关注领域的动态信息。

目前市场上的媒体监测系统，大致为方正智思互联网舆情监测系统、斯麦尔媒体监测系统等。本节以斯麦尔媒体监测系统为代表来进行介绍。

斯麦尔媒体监测系统根据用户创建任务时制定的监测关键词，对目前各类主流信息平台进行舆情监测，将符合用户要求的信息进行收录，并将收录信息进行统计，可以及时地帮助用户查阅到相关领域的最新信息，有助于用户对监测的事件做出相对应的预警方案。

媒体监测系统是对海量互联网信息进行采集，并根据用户任务中制定的关键词对采集的信息进行筛选，提取符合用户要求的信息进行统计。用户可以将筛选后的信息或统计图进行收藏，并可以将收藏内容通过报表形式导出。

3.2 首页

用户登录斯麦尔媒体监测系统之后，首先进入的页面是首页，如图3-1所示。

图3-1 斯麦尔媒体监测系统首页

3.2.1 个人信息

用户登录系统后，单击"MORE"，可维护个人信息（图3-2）。

图 3-2　个人信息

3.2.2　任务查看

单击"创建新的监测目标",页面跳转到创建任务页面,可以新建监测任务;单击"MORE",页面跳转到任务管理页面,可以查看所有的任务;单击任务名称,页面跳转到监测目标概览,可以查看该任务下抓取的数据信息(图 3-3)。

图 3-3　任务查看

3.2.3 最新公告

最新公告显示，先按照是否置顶（置顶、非置顶），再按照发布时间降序排序（图3-4）。

图3-4 最新公告

（1）公告列表。单击"MORE"，页面跳转到通知公告页面，可以查看所有的公告，先按照是否置顶（置顶、非置顶），再按照发布时间降序排序（图3-5）。

图3-5 公告列表页面

（2）公告详情页：单击公告标题，打开公告详情页面（图3-6）。

单击左侧中的"MORE"，页面跳转到公告列表页面；单击"公告标题"，可以查看公告详情；这里也可以单击"上一条"和"下一条"，以查看"上一条"和"下一条"的公告信息。

图3-6 公告详情页面

注：查看数，每打开一次公告详情页，该公告的查看数就会增加1。

3.2.4 资讯库查询

资讯库查询，方便用户查出所需要的数据；选择类别，输入查询内容，单击"搜索"，页面跳转到检索页面（图3-7）。

图3-7 资讯库查询

3.2.5 历史监测统计

历史监测统计可统计所有的数据，单击"MORE"，页面跳转到统计概览页面（图3-8）。

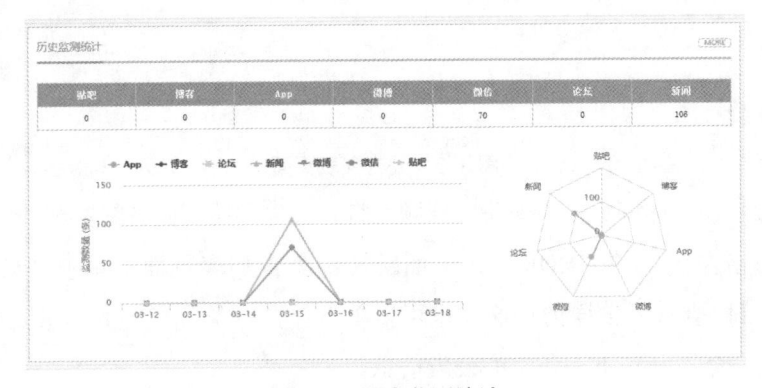

图3-8 历史监测统计

3.2.6 最新资讯

最新资讯类别有新闻、论坛、微博、博客、贴吧、微信、APP。每个类别下，按照资讯的创建时间降序排序。

单击"MORE"，页面跳转到概览表页面；也可以单击新闻标题，进入该新闻的网页，如图3-9所示。

图3-9 最新资讯

3.2.7 底部链接

底部链接包括"联系我们"（图3-10）和"关于我们"（图3-11）。

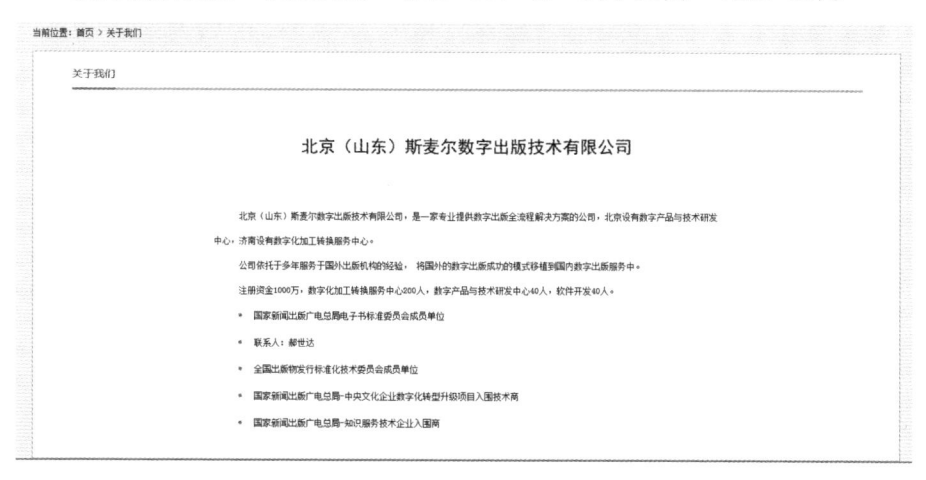

图3-10 "关于我们"

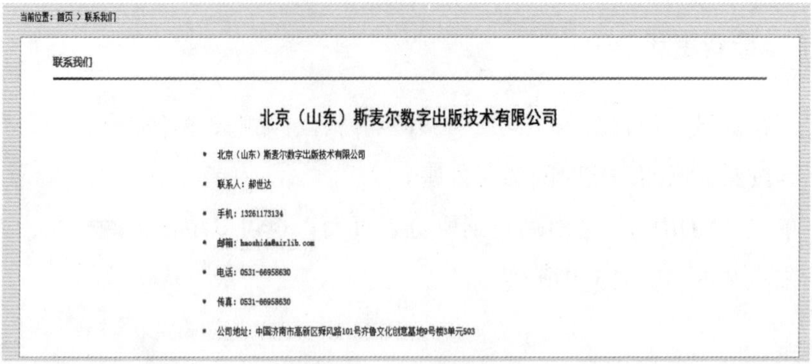

图 3-11　"联系我们"

3.3　监测目标

监测目标分2个模块：创建任务和管理任务。

3.3.1　创建任务

用户可以根据自己的需要来创建任务，包含用户当前的模块权限、当前的任务点数、任务基本信息，如图3-12所示。

图 3-12　创建任务

3.3.2 管理任务

管理任务，即任务列表，显示任务名称、关键词、监测模块、使用任务点数、使用状态、操作，每页显示10条任务，可以进行翻页，如图3-13所示。

图3-13 管理任务

（1）修改操作。单击操作中的"修改"，页面跳转到修改任务页面，如图3-14所示。

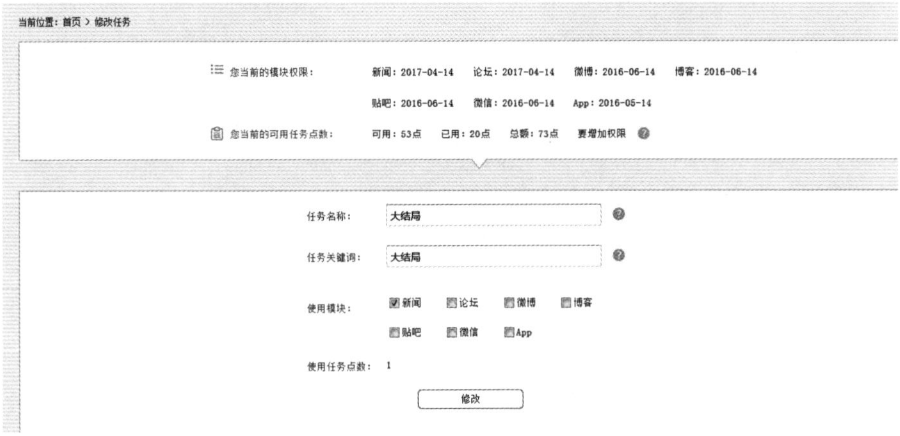

图3-14 修改任务

修改任务的基本信息之后，单击"修改"按钮，提示"修改成功"。

（2）启动/暂停操作。单击操作中的"启动"/"暂停"，提示"操作成功"，使用状态变成了使用中暂停中，如图3-15所示。

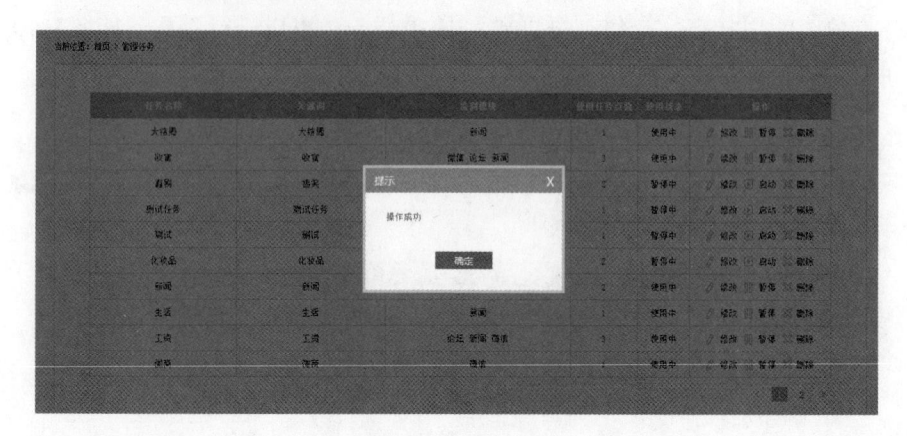

图3-15 操作成功

（3）删除操作。单击操作中的"删除"，提示"确定删除?"，如图3-16所示。

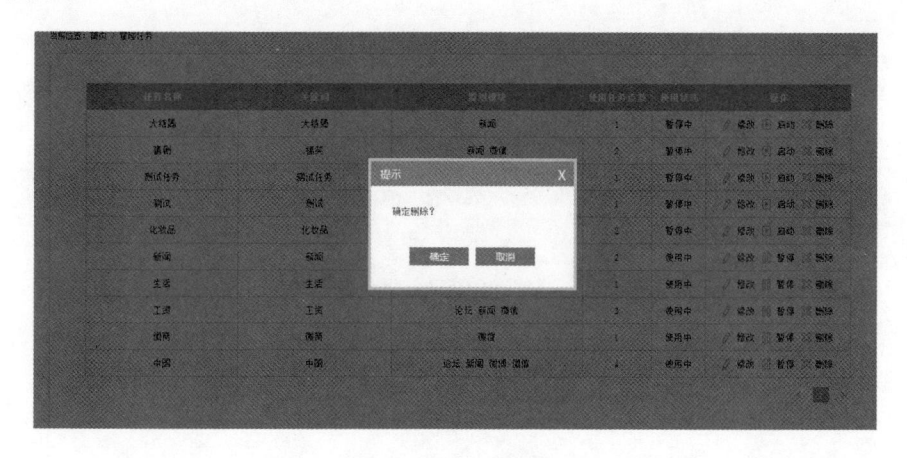

图3-16 确定删除

如果不想删除了，可以单击"取消"或单击关闭。

单击"确定"，提示"删除成功"；单击"确定"或关闭，列表中的数据也会删除，如图3-17所示。

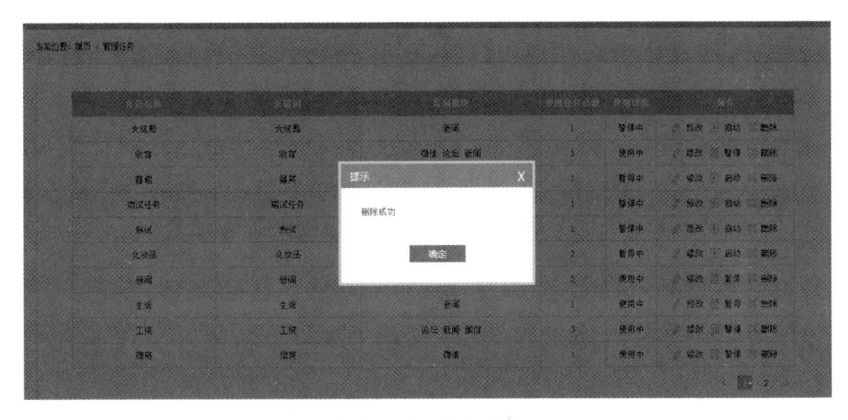

图3-17 删除成功

3.4 资讯预览

资讯预览包含3个模块：概览表、检索、图书榜单。

3.4.1 概览表

单击"资讯预览"—"概览表"，列表中显示任务名称、新闻、论坛、微博、博客、贴吧、微信、APP，可进行翻页查看，如图3-18所示。

图3-18 概览表

单击任务名称，页面跳转到监测目标概览，如图3-19所示。

图3-19 监测目标概览

（1）统计与分析：单击"统计与分析"，页面跳转到统计概览页面。

（2）查询条件：选择类别、选择时间或者时间段，单击"查询"按钮，可以查出相关资讯；单击资讯标题或者内容，页面跳转到该资讯的网页。

（3）添加至：单击"添加至"（可以单个添加，也可以批量添加），弹出"添加至收藏夹"填写框，如图3-20所示。

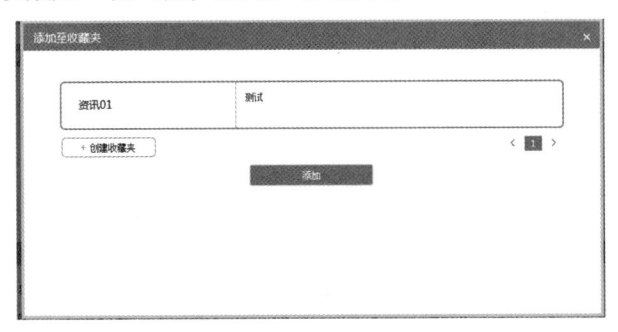

图3-20　添加至收藏夹

选择收藏夹之后，单击"添加"按钮，提示"添加成功"，如图3-21所示。

图3-21　添加成功

这里可以创建收藏夹，单击"创建收藏夹"，弹出"创建收藏夹"填写框，如图3-22所示。

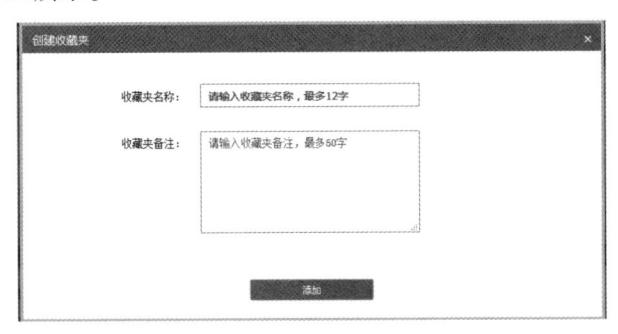

图3-22　创建收藏夹

输入收藏夹名称和收藏夹备注，单击"添加"；如果不想创建收藏夹，可以单击关闭。

3.4.2 检索

单击"资讯预览"—"检索",可以根据关键词、类别、时间段进行查询,单击资讯标题或者内容,页面跳转到该资讯的网页,这里可以进行翻页,如图3-23所示。

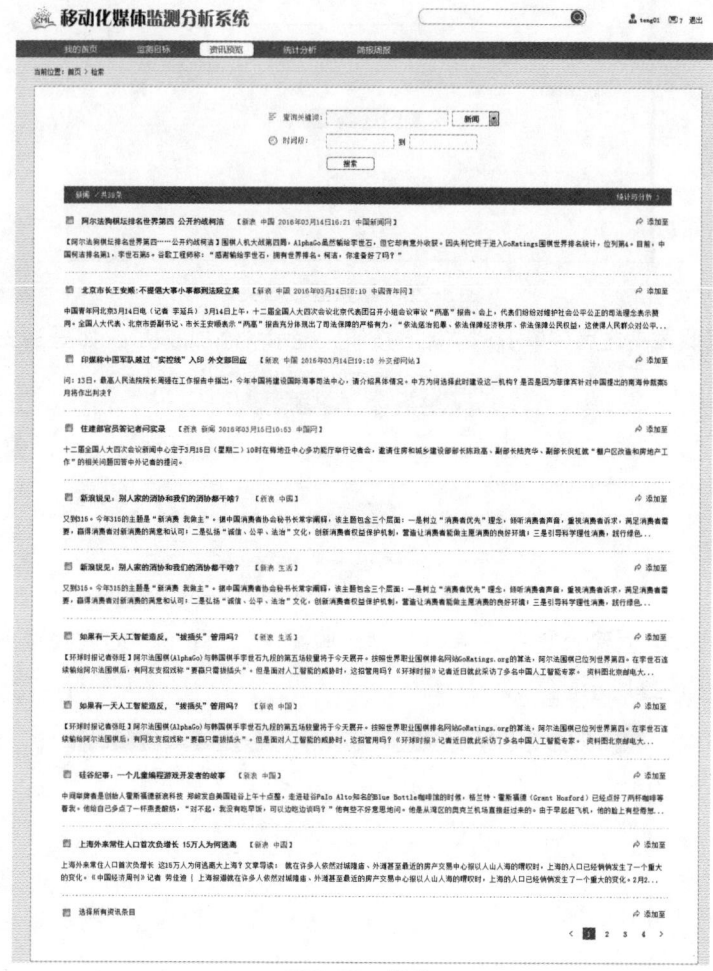

图3-23 检索

3.4.3 图书榜单

单击"资讯概览"—"图书榜单",进入页面,这里可以翻页操作,如图3-24所示。

第3章 媒体监测系统

图3-24 图书榜单

3.5 统计分析

3.5.1 统计概览

单击"统计分析"—"统计概览",进入页面,如图3-25所示。

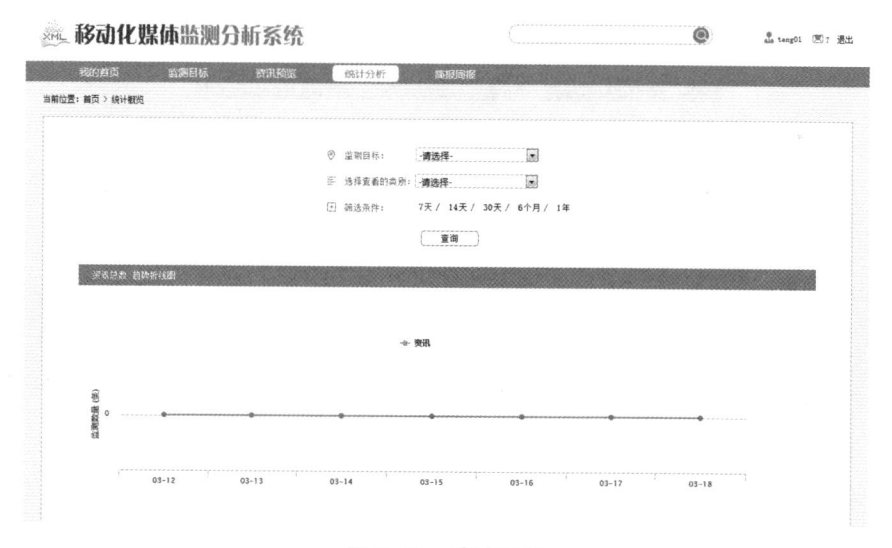

图3-25 统计概览

(1)选择监测目标、时间段,单击"查询"按钮,如图3-26所示。

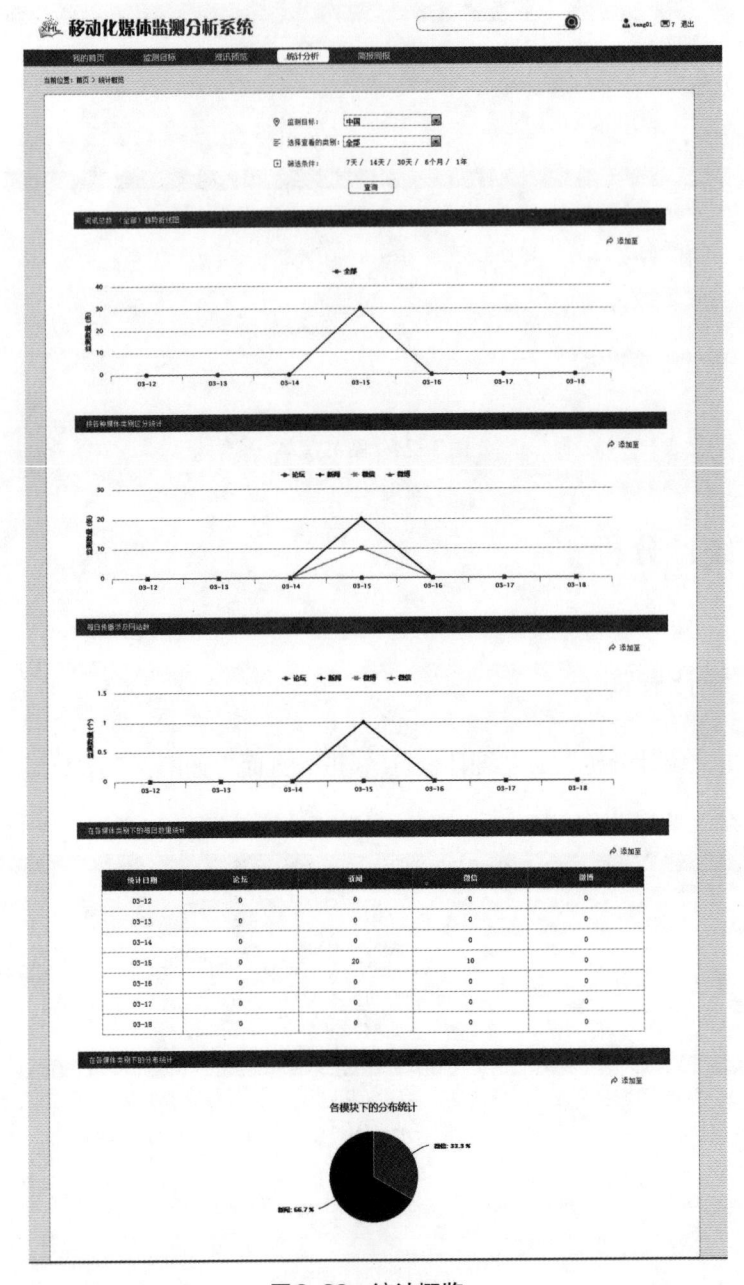

图3-26 统计概览一

(2)选择监测目标、类别、时间段,单击"查询"按钮,如图3-27所示。

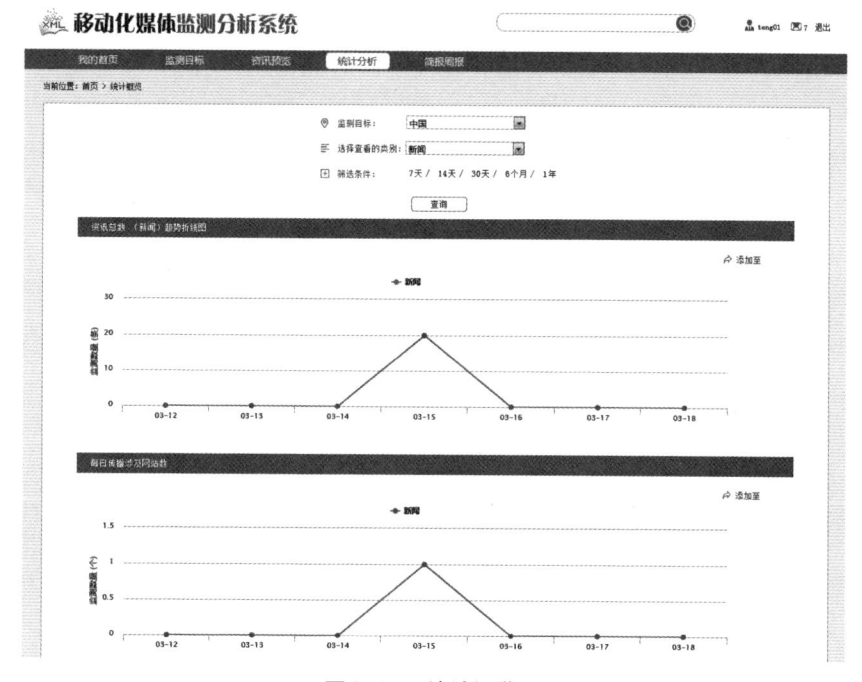

图3-27 统计概览二

3.6 简报周报

简报周报有3个模块：收藏夹、简报列表、创建简报。

3.6.1 收藏夹

单击"简报周报"—"收藏夹"，收藏夹页面打开，如图3-28所示。

图3-28 收藏夹

这里的收藏夹数据是在添加至时创建的数据。

(1) 查询：选择类型（资讯收藏夹、统计收藏夹）、输入收藏夹名称，单击 🔍 ，查询相关的收藏夹数据。

(2) 编辑操作：单击编辑，进入收藏夹编辑页面，如图3-29所示。

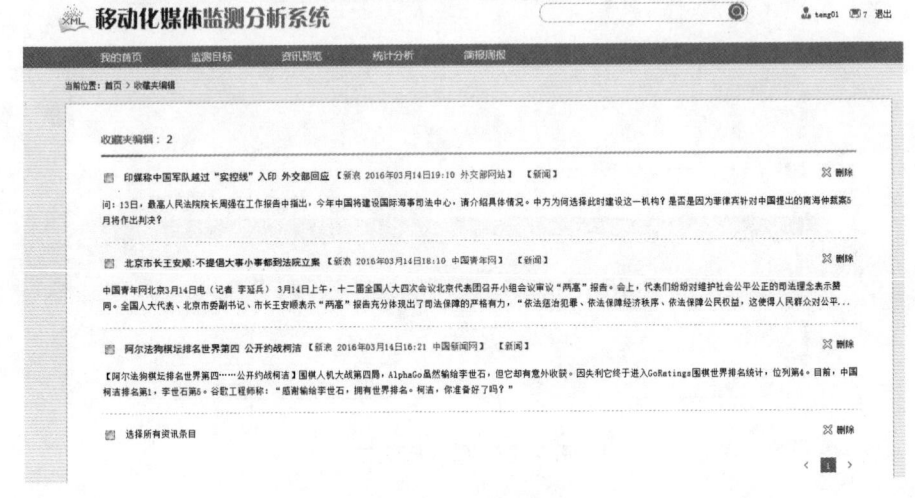

图3-29　收藏夹编辑

也可查看收藏夹编辑统计页面，查看各模块下的分布统计（图3-30）。

图3-30　收藏夹编辑统计

单击"删除",提示"确定删除?",如图3-31所示。

图3-31 确定删除

如果不想删除了,可以单击"取消"或单击关闭;单击"确定",提示"删除成功";单击"确定"或关闭,列表中的数据也会删除,如图3-32所示。

图3-32 删除成功

3.6.2 简报列表

简报列表分两种:完整列表和草稿箱,如图3-33所示。

图3-33 简报列表

3.6.3 创建简报

创建简报分3步。第一步，填写基本信息，单击"保存并进入下一步"，如图3-34所示。

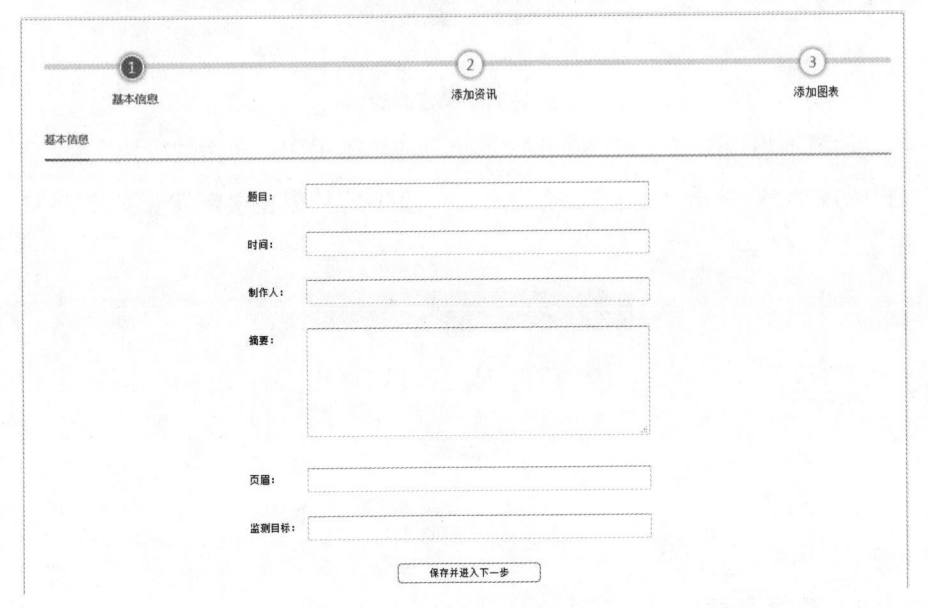

图3-34 第一步，填写基本信息

填写基本信息之后，单击"保存并进入下一步"，进行第二步，添加资讯，如图3-35所示。

图3-35 第二步，添加资讯

如果想在简报中添加资讯，请单击"添加资讯"按钮，如图3-36所示。

第 3 章 媒体监测系统

图 3-36 弹出添加资讯框

勾选资讯信息，单击"添加并保存"，勾选的数据就会显示在第二步中的资讯列表中了，资讯列表可以进行翻页以及删除操作。

然后单击"保存并进入下一步"，就可以进行第三步，添加图表，如图 3-37 所示。

图 3-37 第三步，添加图表

如果想在简报中添加图表，请单击"添加图表"按钮，如图 3-38 所示。

图 3-38 弹出添加图表框

159

勾选图表信息，单击"添加并保存"，勾选的数据就会显示在第三步中的统计图表列表中了，统计图表列表可以进行翻页以及删除操作；单击"完成"按钮，一个带有资讯和统计信息的完整的简报制作完成了。

如果第一步填写完了，其他步骤没有完成，该简报就会保存在草稿箱列表中。

3.7 搜索

搜索功能是针对资讯数据进行搜索的，如图3-39所示。

图3-39 搜索功能

3.8 个人中心

3.8.1 个人信息

单击右上角的用户名，就可以编辑个人信息，如图3-40所示。

图3-40 个人信息

3.8.2 个人权限

通过个人权限，用户可以看到自己的任务点数以及模块的有效期，如图3-41所示。

图3-41 个人权限

用户如果需要购买任务点数以及任务模块（新闻、微信、论坛、博客、微博、贴吧、APP），可以单击"购买权限"按钮，页面跳转到购买指南页面。

3.8.3 重置密码

用户可登录该系统修改密码，如图3-42所示。

图3-42 重置密码

3.8.4 购买指南

购买指南中可查询用户购买任务点数和模块权限的说明，如图 3-43 所示。

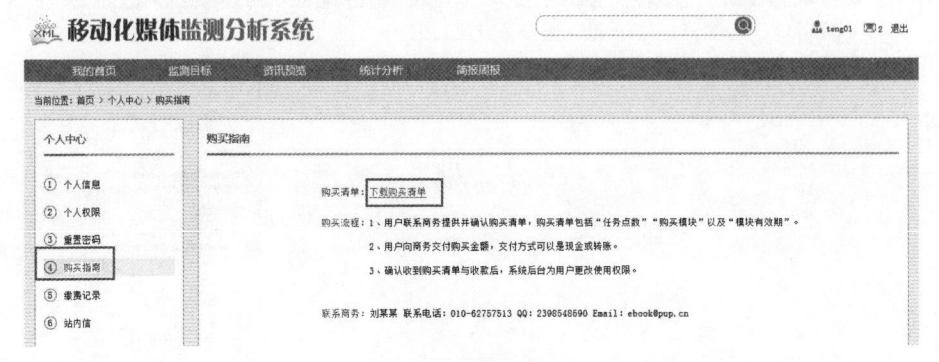

图 3-43 购买指南

单击"下载购买清单"，是以 Excel 表格形式下载表格模板，如图 3-44 所示。

图 3-44 购买清单表格模板

3.8.5 缴费记录

缴费记录显示记录用户缴费情况，列表显示序号、缴费单号、金额、购买模块、时长、任务点数、缴费日期，可以进行翻页查看缴费记录信息，如图 3-45 所示。

图 3-45 缴费记录

3.8.6 站内信

站内信有 4 种：缴费消息、任务停用、废除缴费信息、用户提权（即试用用户升为正式用户），如图 3-46 所示。

图 3-46 站内信

单击消息主题，消息展开，方便用户查看详细信息；勾选消息，可以进行批量删除；这里也可以进行翻页操作。

第4章　互联网产品开发

4.1　概述

（1）产品经理必须依赖许多其他的专家来发展产品线和进行营销。这意味着产品经理和企业其他部门的同仁之间必须达到一定程度的互信。

（2）产品经理必须持续与产品销售团队交流信息。

4.2　需求分析

所谓需求分析，第一，要了解所在的行业和市场的情况，包括行业的当前规模、未来发展趋势、市场饱和度、市场同类产品的发展情况，市场过去5年的数据资料等。

第二，要通过用户研究，提炼出较为完整的用户画像。要完成这一要求，通常需要自己或与相关部门一起搜集用户数据，通过用户访谈、问卷调查、用户行为测试等手段，为目标用户打上关键词标签，并最终形成一个较为完整的用户画像。

第三，要掌握用户使用场景。用户对于某类需求的解决是高频还是低频的，是属于精神文化的需求，还是为了解决物质文化需求的，还是二者兼而有之。

第四，要发现这是用户的表面需求还是深层需求。通常我们很容易为表面需求所迷惑，而忽视了用户真正的深层需求，只有找到用户真正的深层需求，才算抓住了用户的痛点。

（1）竞品分析同样是必备的技能，竞品分为直接竞品、间接竞品、潜在竞品。直接竞品很好理解，间接竞品是指目标用户一致，但是核心功能不完全一样的对手产品。而潜在竞品则可能是和产品有一定关联的产品，可能是相关领域的衍生产品。

（2）需求分级则是为了后续的产品设计准备的，我们要明确地区分什么是核心需求，什么是重要需求，什么是次要需求，对不同的需求我们所投入的资源也会相应不同。做好需求分级，才能抓紧核心需求，不至于在次要需求上钻牛角尖。

4.3 产品设计

（1）原型设计：目的是让开发人员能清楚直观地明白产品功能和流程。

（2）PRD的撰写：也是一项重要的工作，只强调一个原则：形式并不重要，重要的是条理清晰，描述准确，不要遗漏异常情况。

（3）可用性测试：我们可以通过demo等形式在早期让用户参与到产品的设计和开发中来，让用户可以实际操作部分功能或流程。收集反馈，观察用户使用过程，通过这样的行为为后续产品设计提供依据。

（4）核心技能：避免大而全，快速迭代，其实前面几个技能都是为了这个技能而服务的。产品初创阶段一定要避免大而全的版本，快速迭代，逐步完善。

4.4 项目管理

通常情况下，产品经理要兼顾项目经理的角色。因此，项目管理自然也是产品经理必备的一项技能。

（1）合理排期：这是整个项目能如期完成保质保量的重要前提。要与开发、UI、运营、内容、测试相关部门或同事紧密沟通，了解他们手上的工作情况、资源配置情况，再结合产品的要求，做出合理的排期。

（2）进度掌控：把控整个项目的进度很重要。要对产品开发的周期、产品开发的当前进展、产品开发过程中的技术难点、产品开发要涉及的相关资料等了然于胸。

（3）复盘和总结：每一阶段都要进行复盘总结。发现暴露的问题，总结问题的原因，回顾自己应对问题的表现。同时也让整个团队的成员对整个进度有清楚的了解，知道彼此在做什么，需要如何配合。

（4）规范流程：有助于提高团队的工作效率，使我们可以处于一个正确的节奏之上。

4.5 产品原型图

Axure RP 是目前最为常用的原型设计工具之一。Axure RP 是美国 Axure Software Solution 公司旗舰产品，该原型设计工具可以专业快速地帮助用户完成定义、需求、规格，负责设计功能和界面的原型设计者可快速创建应用软件或 Web 网站线框图、原型、规格说明书等。Axure 所针对的用户包括用户体验设计师（UX）、交互设计师（UI）、业务分析师（BA）、信息架构师（IA）、可用性专家（UE）和产品经理（PM）等。

简单说，"原型"是项目前期阶段的重要设计步骤，主要以发现新想法和检验设计为目的，重点在于直观体现产品主要界面风格及结构，并展示主要功能模块及它们之间的相互关系，不断确认模糊部分，为后期的视觉设计和代码编写提供准确的产品信息。

4.5.1 基础页面

（1）主菜单工具栏：大部分类似 Office 软件，包含基本的打开文件、保存、字体、字号、对齐方式等，不做详细解释，鼠标移到按钮上都有对应的提示（图4-1）。

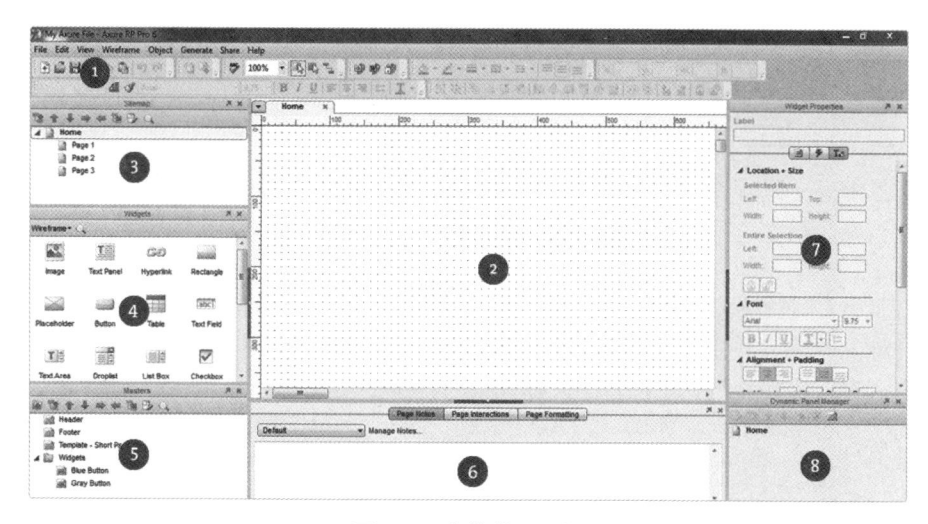

图 4-1　主菜单工具栏

（2）主操作界面（画布）：这是绘制产品原型的操作区域，所有用到的元件都拖到该区域，在该区域进行原型设计。

（3）站点地图：所有页面文件都存放在该位置，可以在该处对页面进行增加、删除、修改、查看等操作，也可以调整页面顺序及页面之间的关系。

（4）Axure 元件库：也叫 Axure 组件库、Axure 部件库，所有软件自带的元件和加载的元件库都在这里，这里可以执行创建、加载、删除 Axure 元件库的操作，也可以根据需求显示全部元件或某一元件库的元件。

（5）母版管理：像页面头部、导航栏等出现在每一个页面或者大多数页面的元素，可以绘制在母版里面，然后添加到需要显示的页面，这样在制作页面时就不用再重复这些操作。这里可以创建、删除、修改母版。

（6）检视：为元件或页面添加交互事件，添加备注说明，设置编辑元件样式。

（7）概要：当前页面的元件组织关系图，类似于 PS 中的图层面板。

4.5.2　元件

1. 元件类型

元件类型页面如图 4-2 所示。

图4-2　元件类型页面

（1）图片：图片元件拖入编辑区后，可以通过双击选择本地图片，将图片载入到编辑区，如果图片太大，Axure会自动提示将进行优化，以避免原型文件过大。

（2）文本：用于页面中添加说明文字、文字连接，或一些动态的提示。

（3）矩形：矩形的应用比较广泛，是最常用的元件之一，如作为页面的背景、按钮及一些元件的遮盖等。矩形的形状可以通过鼠标右键单击"编辑选项"—"改变形状"来变成我们需要的形状，如页面需要选项卡的按钮时，需要顶部圆角的矩形，就可以通过改变矩形的形状来实现。

（4）占位符：制作原型时，可以用它来代替对一些没有交互或者交互比较简单容易说明的区域；也可以做成关闭按钮。占位符在保真比较高的产品原型中作用不大。

（5）按钮：网页原型设计中经常会用到各种形式的按钮，因此单独拿出来作为元件给使用者，免去了对矩形的设置。

（6）动态面板：非常重要的Axure元件，用以实现原型中的众多交互效果。

（7）水平线：一条水平的线，可以作为表示页面一些区域分割时使用，如在两块不同区域之间添加一条水平线，来明显的区分。水平线可以通过设置元件属性中的角度变成斜线来使用。

（8）垂直线：一条垂直的线，用法与水平线相同。

（9）热区：用于单击图片中某个区域产生交互事件时使用，热区可以理解为无边框透明的矩形。

（10）单行文本框：用于输入文字的Axure元件，用于登录、标题、密码框（鼠标右键"编辑选项"—"隐藏文本"）等功能。

（11）多行文本框：从字面意思就知道了它的功能，用于实现更多文字内容输入的Axure元件，用于回复、评论、微博发布框这类的功能。

（12）下拉列表框：鼠标单击时展开多个选项的Axure元件，主要用来类别选择或多条件查询效果时使用。

（13）列表框：一个多选项的列表，带滚动条效果，应用不是很多，应用场景可以参考Word自定义快速访问工具栏中选择添加项的效果。

（14）复选框：复选框用于同类别内容可以同时选择多个时候使用，如注册时候个人兴趣的选择，又如批量删除邮件时选择多个邮件的功能。

（15）单选按钮：多项选择的时候使用，如性别选择。多个单选按钮联动效果需要同时选中多个需要联动的单选按钮，用鼠标右键"编辑选项"—"指定单选按钮"组来实现。

（16）内部框架：用于在页面中嵌入其他页面的Axure元件，可以设置好大小后双击它，指定要嵌入的页面。框架可以通过编辑选项取消滚动条，应用场景多见于网站后台原型和移动互联网产品原型。

（17）表格：表格很常见，就不多做解释，每个表格都可以设置单独的事件，但是Axure还不支持单元格的合并。

（18）菜单纵向：主要用于网站导航，多使用于网站后台。

（19）菜单横向：主要用于网站导航，多使用于网站前台。

（20）树：主要用于网站导航，多使用于网站后台。

2. 使用元件

（1）添加元件到画布：在左侧元件库中选择要使用的元件，按住鼠标左键不放，拖动到画布适合的位置上松开（图4-3）。

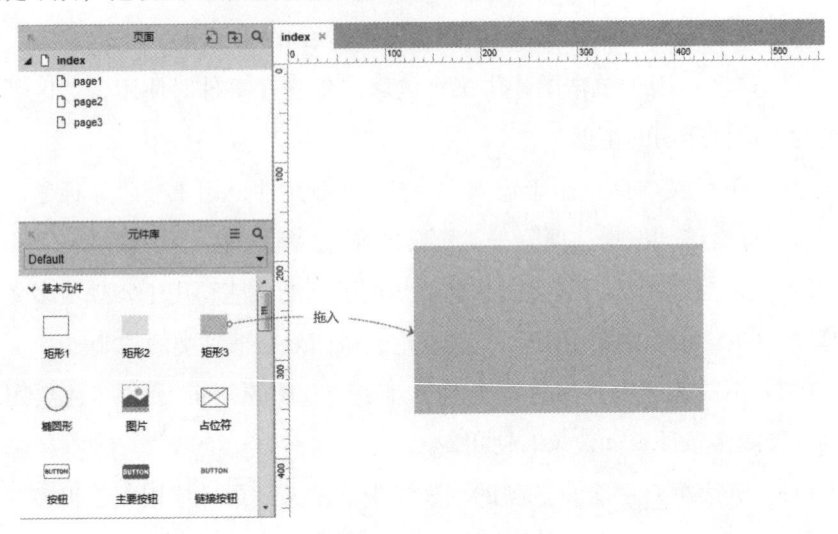

图4-3　添加元件到画布

（2）添加元件名称：文本框属性中输入元件的自定义名称，建议采用英文命名，并采用固定的命名方式（图4-4）。

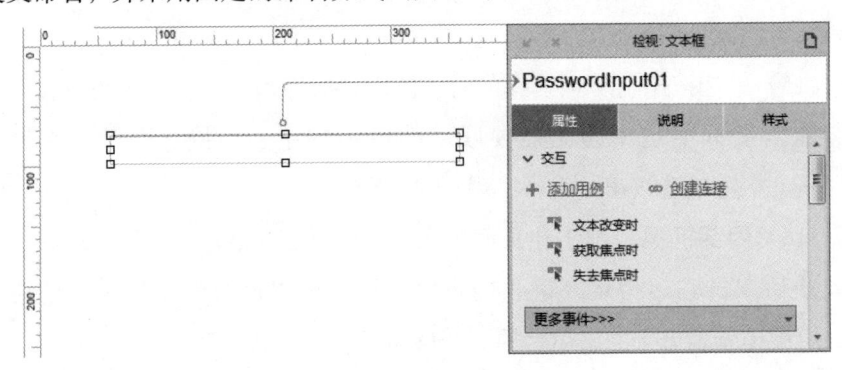

图4-4　添加元件名称

（3）设置元件位置/尺寸：元件的位置与尺寸可以通过鼠标拖拽调整，也可以在快捷功能或元件样式中进行输入调整（图4-5）。x：指元件在画布中的x轴坐标值。y：指元件在画布中的y轴坐标值。w：指元件的宽度值。h：指元件的高度值。

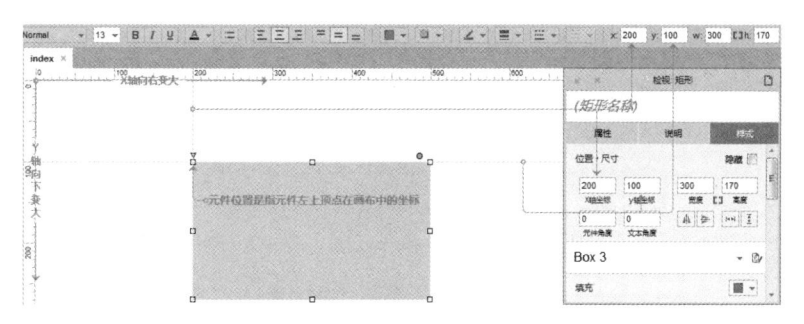

图 4-5　设置元件位置

在输入数值调整元件尺寸时，可以在样式中设置，让元件保持宽高比例（图 4-6）。

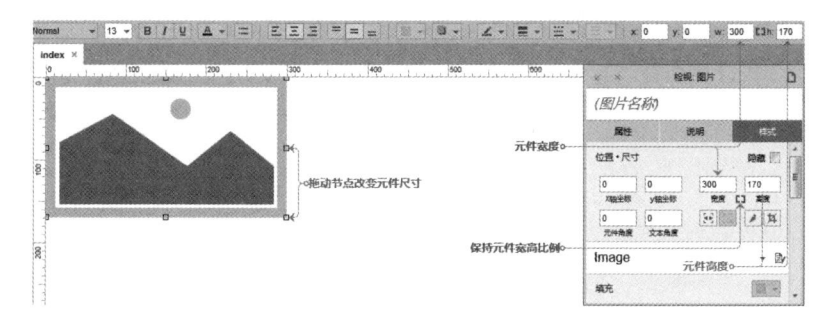

图 4-6　保持元件宽高比例

（4）设置元件默认角度（图 4-7）。

方式一：选择需要改变角度的元件，按住键的同时，用鼠标拖动元件的节点到合适的角度。

方式二：在元件样式中进行角度的设置，元件的角度与元件文字的角度可以分开设置。

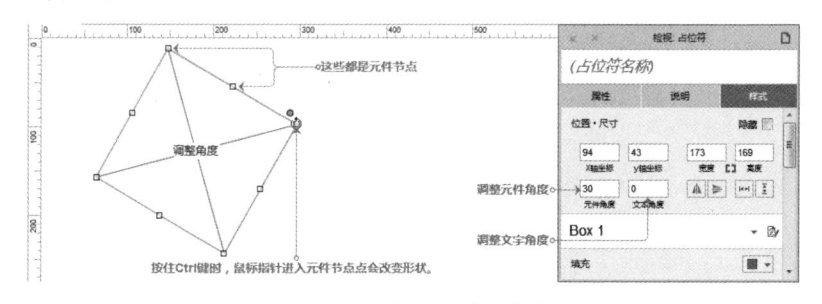

图 4-7　设置元件默认角度

（5）设置元件颜色与透明：选择要改变颜色的元件，单击快捷功能区中的背景颜色设置按钮，选取相应的颜色，或者在元件样式中进行设置（图4-8）。

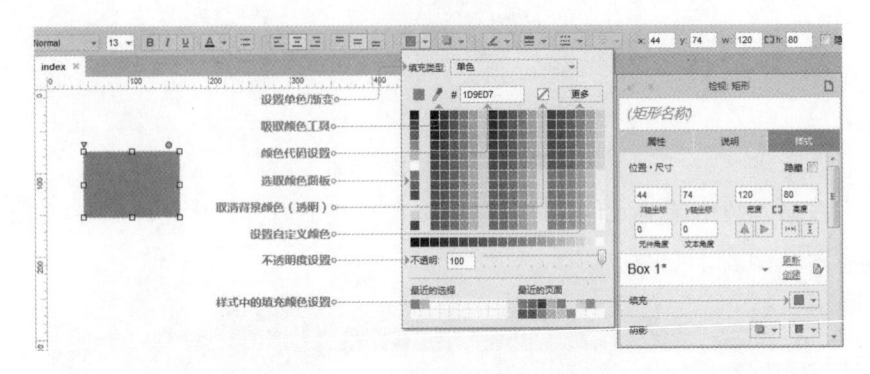

图4-8　设置元件颜色与透明

（6）设置形状或图片圆角：可以通过拖动元件左上方的圆点图标进行调整，也可以在元件样式中设置圆角半径来实现（图4-9）。

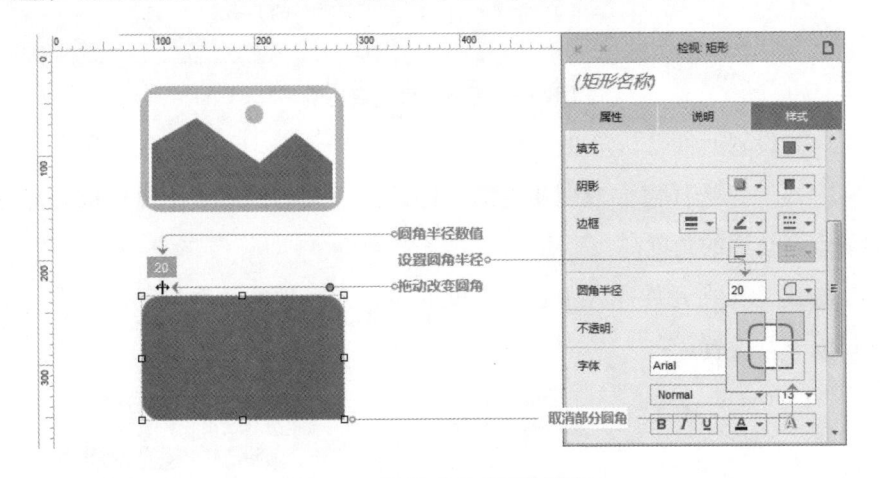

图4-9　设置形状或图片圆角

（7）设置矩形仅显示部分边框：在Axure RP 8的版本中，矩形的边框可以在样式中设置显示全部或部分（图4-10）。

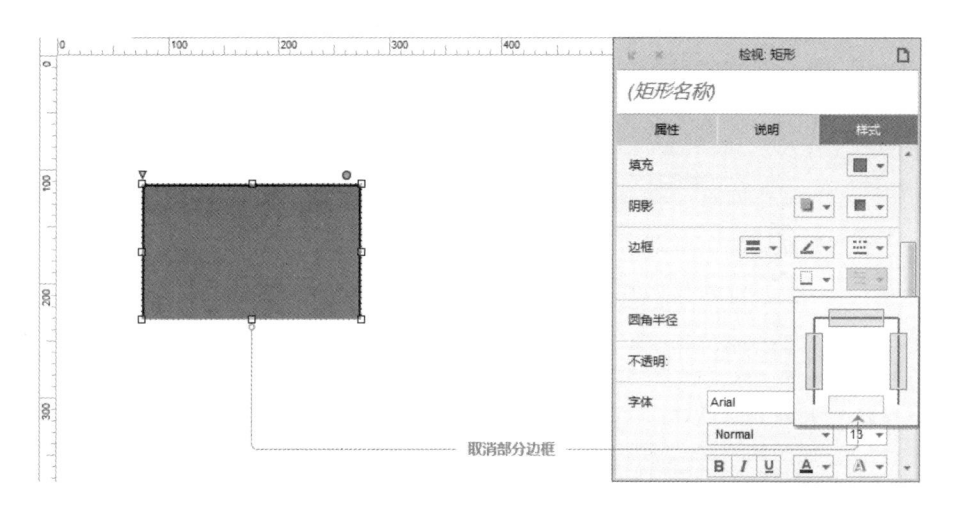

图 4-10　设置矩形仅显示部分边框

（8）设置线段/箭头/边框样式：线段/箭头/元件边框样式可以在快捷功能或者元件样式中进行设置（图 4-11）。

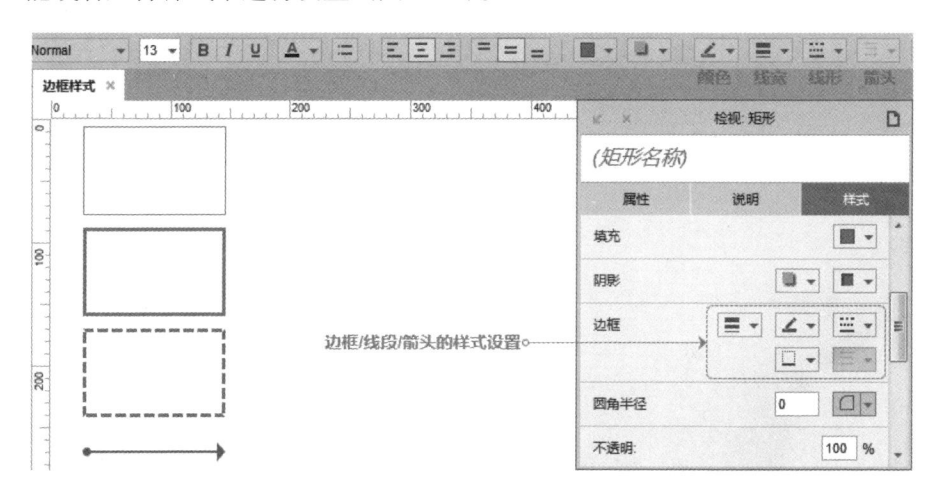

图 4-11　设置线段/箭头/边框样式

（9）设置元件文字边距/行距：在元件样式中可以设置元件文字的行间距与填充（图 4-12）。行间距，是指文字段落行与行之间的空隙。填充，是指文字与形状边缘之间填充的空隙。

173

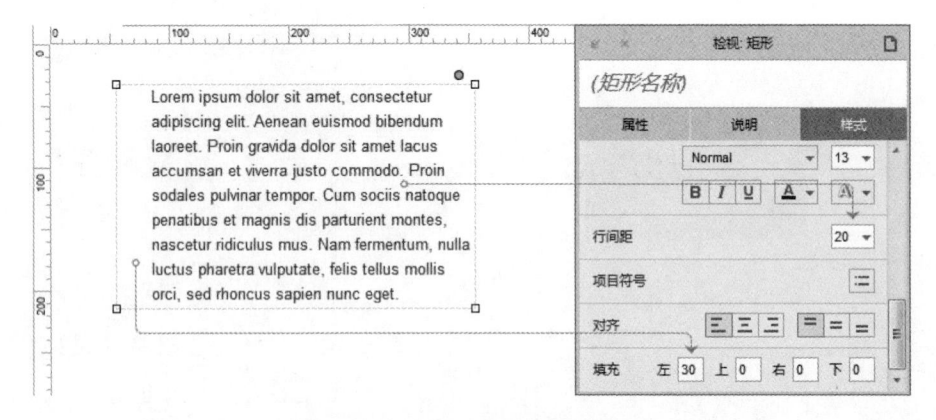

图4-12 设置元件文字边距/行距

（10）设置元件默认隐藏：选择要隐藏的元件，在快捷功能或者元件样式中勾选"隐藏"选项（图4-13）。

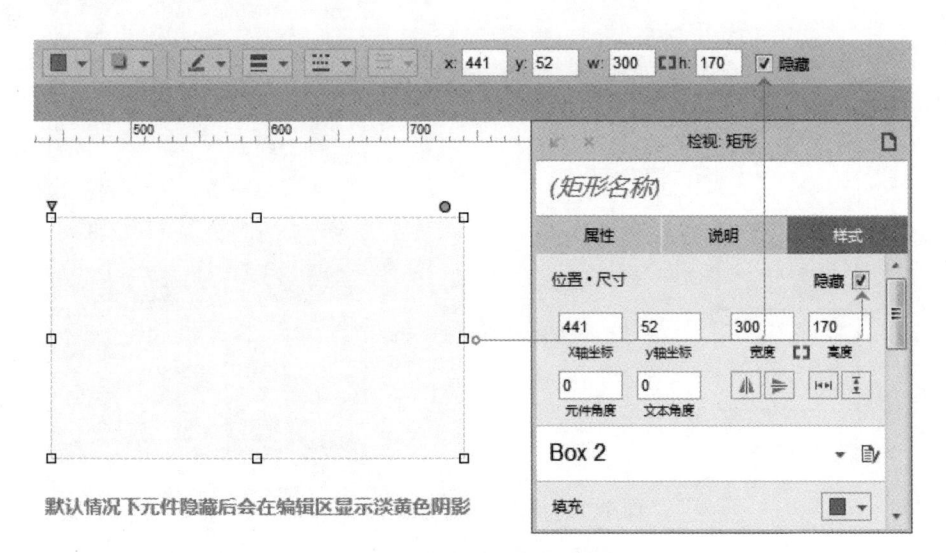

图4-13 设置元件默认隐藏

（11）设置文本框输入为密码：文本框属性中选择文本框的"类型"为"密码"（图4-14）。

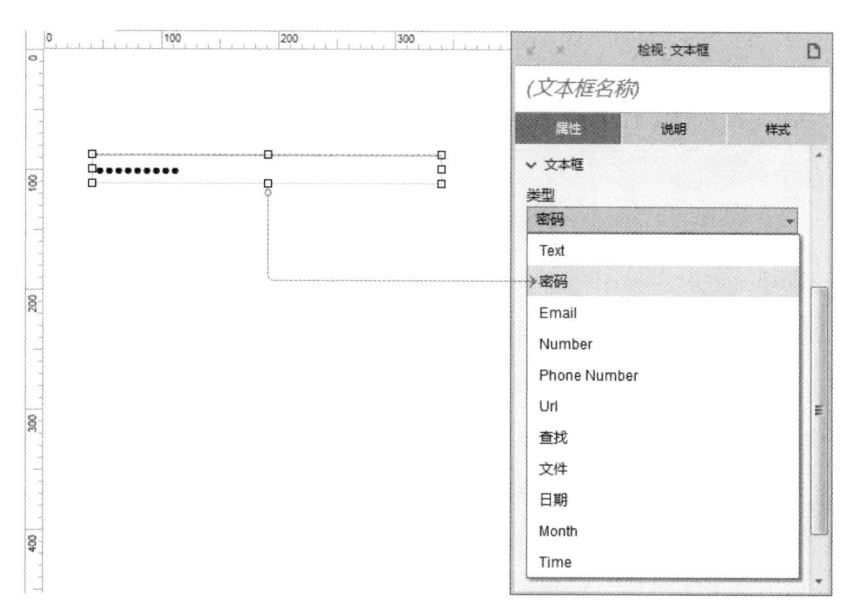

图4-14 设置文本框输入为密码

（12）设置打开选择文件窗口：文本框属性中选择文本框的"类型"为"文件"，即可在浏览器中变成打开选择本地文件的按钮。该按钮样式各浏览器略有不同（图4-15）。

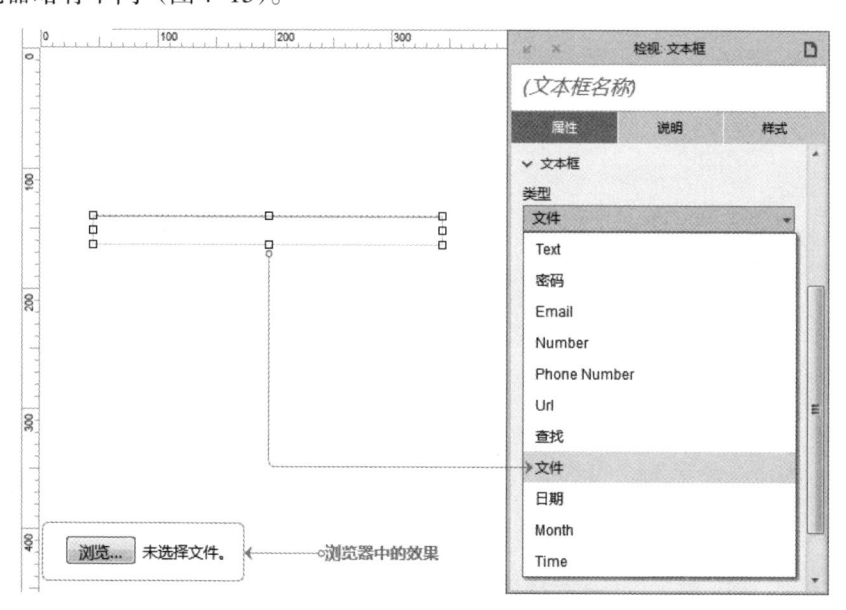

图4-15 设置打开选择文件窗口

（13）限制文本框输入字符位数：在文本框属性中输入文本框的最大长度为指定长度的数字（图4-16）。

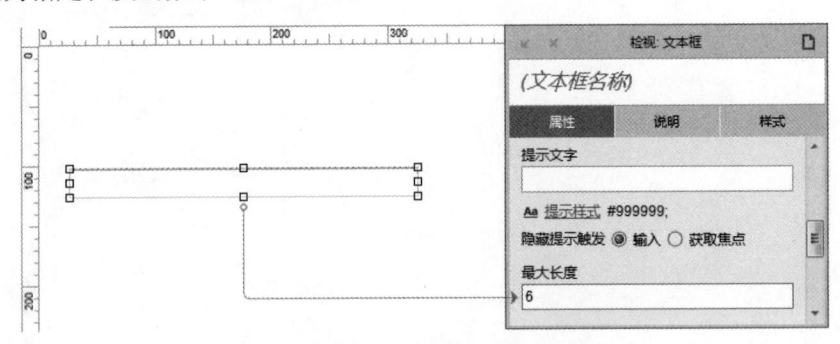

图4-16　限制文本框输入字符位数

（14）设置文本框提示文字：在文本框属性中输入文本框的"提示文字"。提示文字的字体、颜色、对齐方式等样式可以单击"提示样式"进行设置（图4-17）。

提示文字设置包含"隐藏提示触发"选项，其中，输入指用户开始输入时提示文字才消失；获取焦点，指光标进入文本框时提示文字即消失。

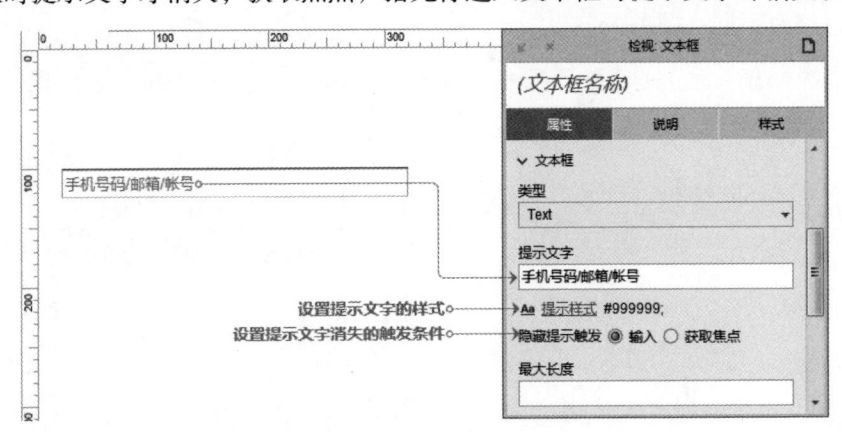

图4-17　设置文本框提示文字

（15）设置文本框回车触发事件：文本框回车触发事件是指在文本框输入状态下按回车键，可以触发某个元件的"鼠标单击时"事件（图4-18）。只需在文本框属性中"提交按钮"的列表中选择相应的元件即可。

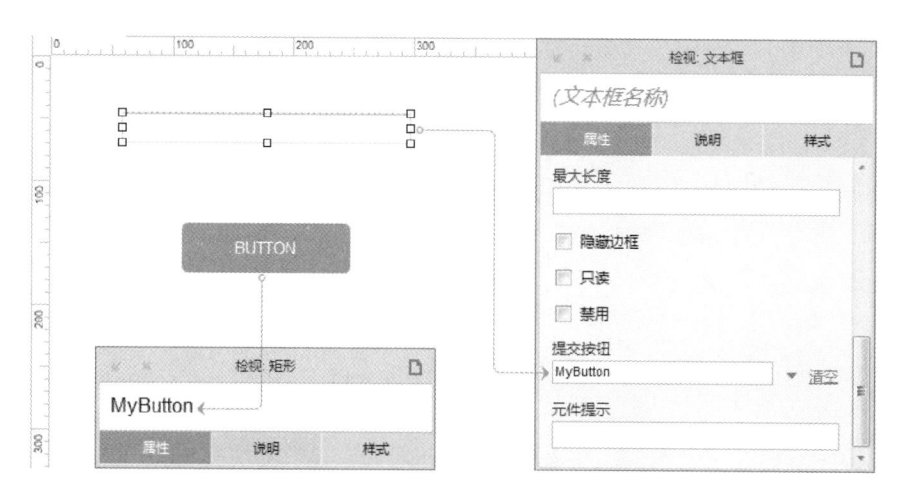

图 4-18 设置文本框回车触发事件

（16）设置鼠标移入元件时的提示：在文本框属性中"元件提示"中输入提示内容即可（图 4-19）。

图 4-19 设置鼠标移入元件时的提示

（17）设置矩形为其他形状：在画布中单击矩形右上方圆点图标即可打开形状列表，设置为其他形状（图 4-20）。

（18）设置自定义形状：在形状上单击鼠标右键，在菜单中选择"转换为自定义形状"，即可对形状进行编辑；也可以通过单击形状右上角的圆点图标，在打开的形状选择列表中选择"转换为自定义形状"（图 4-21）。

177

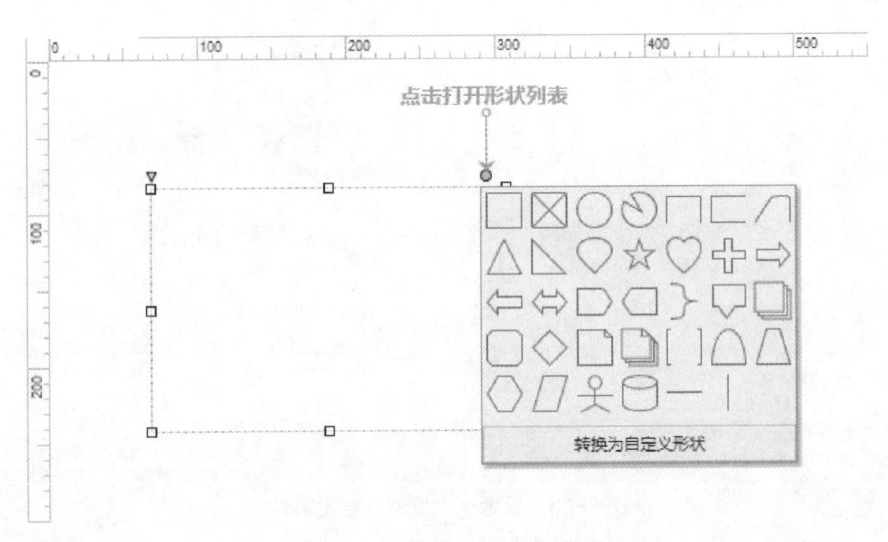

图 4-20　设置矩形为其他形状

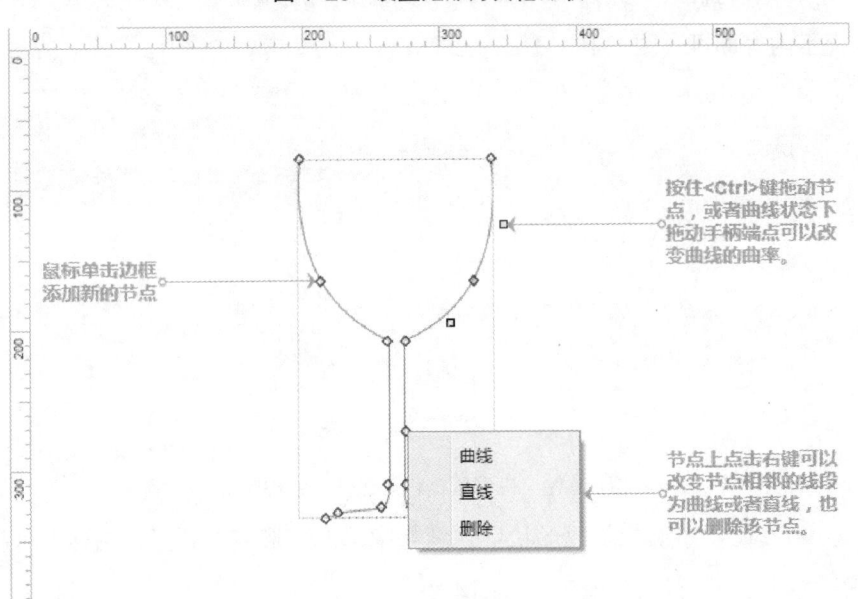

图 4-21　设置自定义形状

（19）设置形状水平/垂直翻转（图 4-22）：在形状的属性中可以对形状进行"水平翻转"和"垂直翻转"的操作。

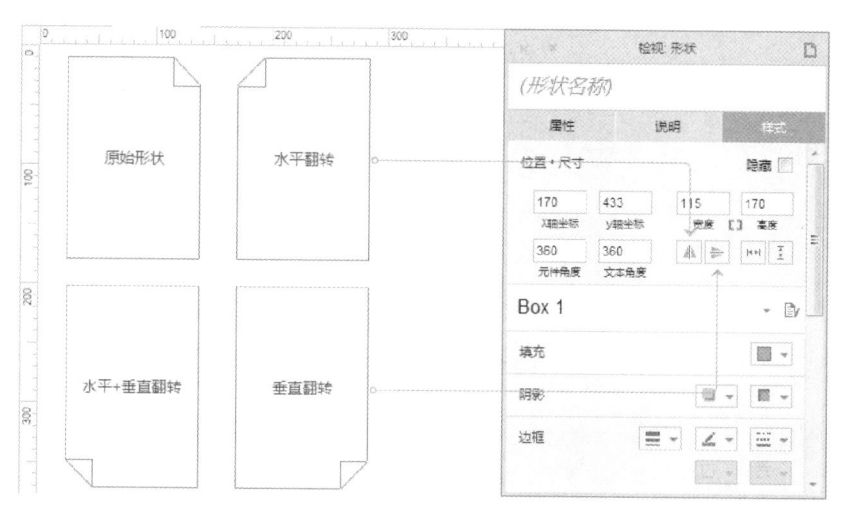

图4-22 设置形状水平/垂直翻转

（20）设置列表框的内容：下拉列表框与列表框都可以设置内容—列表项，可以通过"属性"—"列表项"的选项来设置，也可以通过鼠标双击元件进行设置（图4-23）。

图4-23 设置列表框的内容

（21）设置元件默认选中/禁用：元件的属性中可以对一些元件的默认状态进行设置，可以设置的状态包括"选中"和"禁用"，默认状态的设置，可以触发属性中设置的交互样式（图4-24）。例如，设置某个元件在浏览器中默认为禁用的灰色，就需要勾选"禁用"（复选框），并设置"禁用"的交互样式。

179

除了禁用与选中，个别元件还具有"只读"的设置，如文本框与多行文本框。

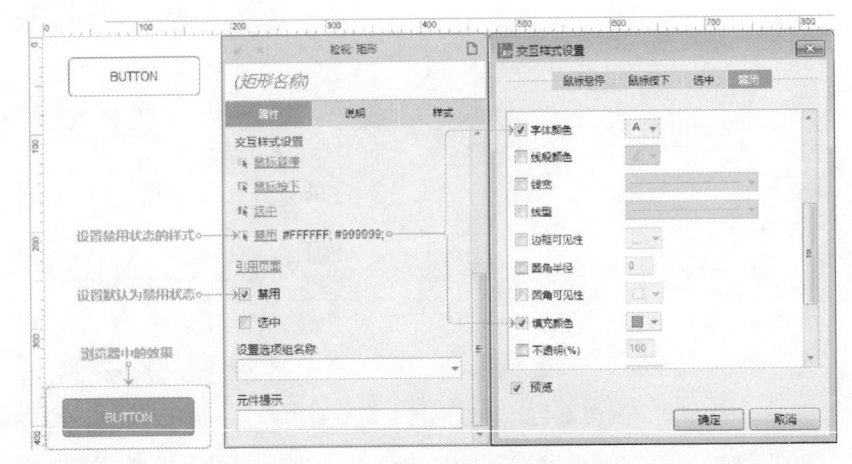

图4-24　设置元件默认选中/禁用

（22）设置单选按钮唯一选中：全选所有的单选按钮，在元件属性中"设置单选按钮组名称"，即可实现唯一选中的效果（图4-25）。

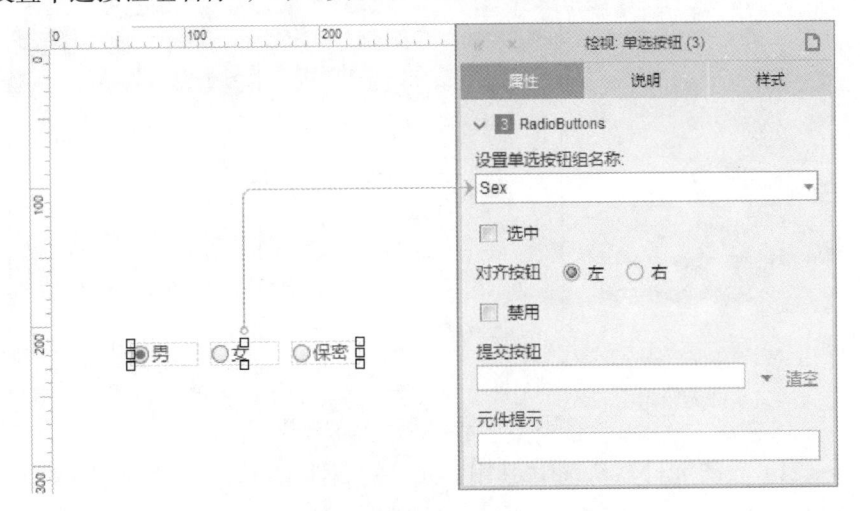

图4-25　设置单选按钮唯一选中

（23）设置元件不同状态的交互样式：单击元件属性中各个交互样式的名称，即可设置元件在不同状态时呈现的样式（图4-26）。这些样式在交互触发时，就会显示出来。例如，设置元件默认状态为禁用，在浏览原型时，页面打开后就会显示该元件被禁用的样式。

图4-26 设置元件不同状态的交互样式

（24）设置图片文本：设置图片文本需要在图片上单击鼠标右键，选择"编辑文本"，方可进行图片上的文字编辑（图4-27）。

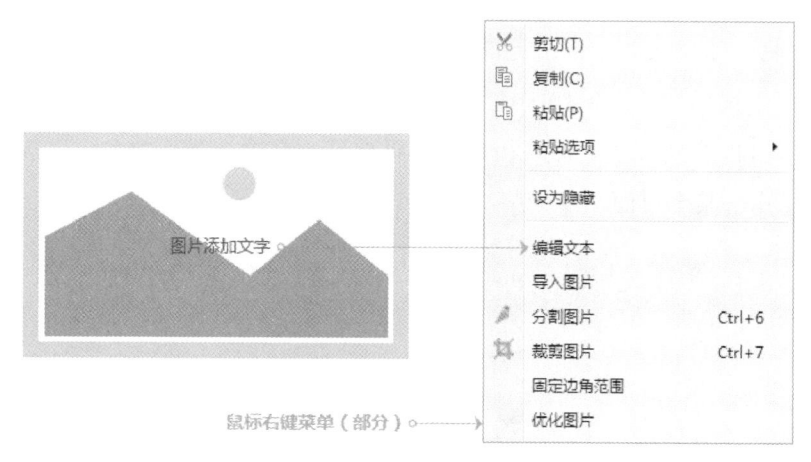

图4-27 设置图片文本

（25）切割/裁剪图片（图4-28）：在图片的元件属性中，设有切割和裁剪功能的图标，单击即可使用相应功能。在元件上可单击鼠标右键，菜单中也有相应的选项。

切割：可将图片进行水平与垂直的切割，将图片分割开。

裁剪：可将图片中的某一部分取出。裁剪分为几种，分别是裁剪、剪切、和复制。其中，裁剪只保留被选择的区域；剪切是将选取的部分从原图中剪切到系统剪贴板中；复制是将选取的部分复制到系统剪贴板中，复制的方式对原图没有影响。

图4-28　切割／裁剪图片

（26）嵌入多媒体文件/页面：基本元件中的内联框架可以插入多媒体文件与网页（图4-29）。双击元件或在属性中单击"框架目标页面"，在弹出的界面中选择"链接到URL或文件"，填写"超链接"，内容为多媒体文件的地址（网络地址或文件路径）或网页地址。在这个界面中也可以选择嵌入原型中的某个页面。

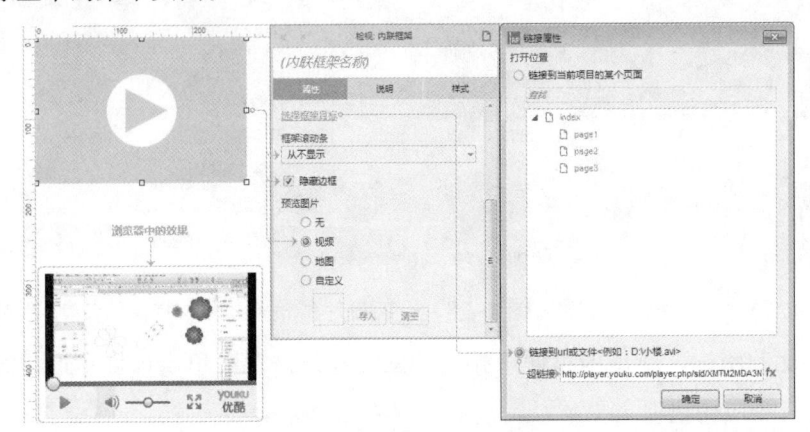

图4-29　嵌入多媒体文件/页面

（27）调整元件的层级：元件的层级可以通过单击快捷功能中的图标或者右键菜单的"顺序"选项进行调整，也可以在页面内容概要中通过拖动进行调整（图4-30）。概要中层级顺序为由上至下，最底部的元件为最顶层。

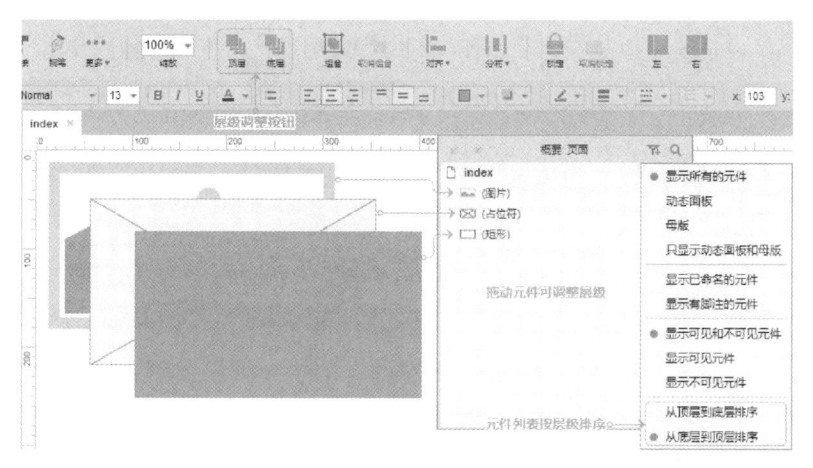

图4-30　调整元件的层级

（28）组合/取消组合元件：通过快捷功能图标或右键菜单可以将多个元件组合到一起，达到共同移动/选取/添加交互等操作（图4-31）。组合/取消组合的快捷键为< Ctrl+G >。

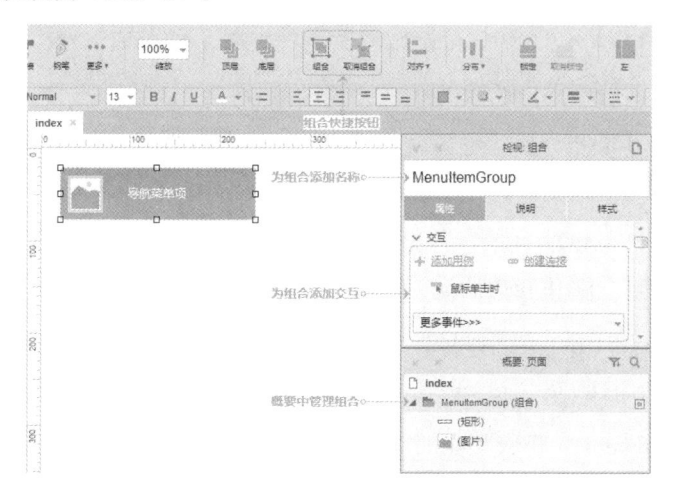

图4-31　组合/取消组合元件

（29）转换元件为图片：形状/文本标签/线段等元件可以通过单击鼠标右键，选择将元件"转换为图片"（图4-32）。例如，使用少量特殊字体或者图标字体时，即可将元件转换为图片，避免在未安装字体的设备上浏览原型时不能正常显示。

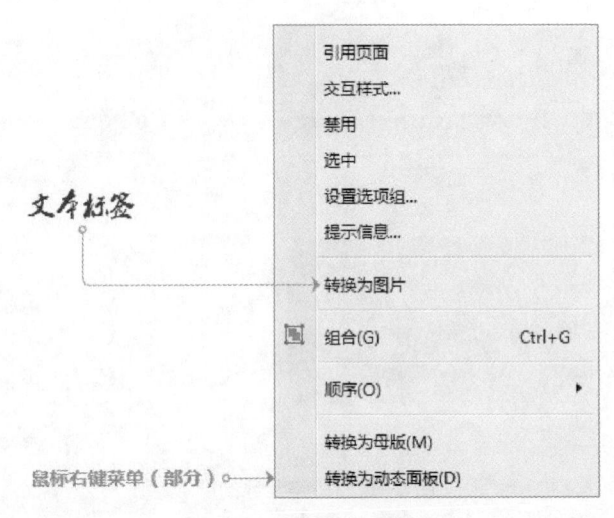

图 4-32　转换元件为图片

4.5.3　交互事件

（1）OnClick（单击时）：鼠标单击事件，除了动态面板外所有的其他元件单击时触发，如单击按钮。

（2）OnMouseEnter（鼠标移入时）：鼠标进入到某个元件范围时触发，如当鼠标移到某张图片时显示该图片的介绍。

（3）OnMouseOut（鼠标移出时）：鼠标离开某个元件范围时触发，如鼠标离开图片时，图片介绍消失。

（4）OnKeyUp（按键弹起时）：文本框（单行与多行）编辑时，按下的某一个按键松开时触发，不支持其他Axure元件，如统计文本框输入的字数。

（5）OnFocus（获取焦点时）：当一个元件通过单击或切换获取焦点时触发，如搜索框编辑时，清空"请输入关键字"的提示。

（6）OnLostFocus（失去焦点时）：当一个组件失去焦点时触发，如用户名、密码的验证。

（7）OnChange（选中项改变时）：下拉列表框或列表框的选中项改变时触发，不支持其他元件，如选择地址时，选择不同的省份，显示对应的省内城市。

（8）OnMove（移动时）：当动态面板移动时触发，是指通过其他事件的触发控制面板移动时，如当进度条移动时，进度比例的变化。

（9）The OnShow and OnHide events（显示或隐藏时）：当动态面板隐藏或显示时触发，如图片显示时按钮文字是关闭图片，图片隐藏时按钮文字变为打开图片。

（10）OnPanelStateChange（状态改变时）：当动态面板更改面板的状态时触发，如通过改变动态面板状态实现的进度条效果，当状态改变时改变相应的进度比例。

（11）OnDragStart：Occurs when the drag begins（开始拖动面板时）：当开始拖动动态面板时触发，如在动态面板拖动开始时，显示"拖动开始"的文字提示。

（12）OnDrag：Occurs as the panel is dragged（面板拖动时）：动态面板拖动时触发，如拖动一块动态面板另外一块跟随移动。

（13）OnDragDrop：Occurs when the panel is dropped（面板拖动结束时）：当拖动结束时触发，如滑动解锁，面板拖动结束时根据滑块的位置设置相应的效果。

4.5.4 高级交互

Axure原型制作的过程中，很多时候需要触发一个又一个事件，以交互设计效果展示的需求。在这些事件里经常需要在满足某一条件时完成指定的动作。例如，文本框文字为空的时候单击按钮无效，或者拖动动态面板没到达指定位置退回原位等。

1. 条件逻辑

双击某一事件，打开用例编辑器，然后再打开条件生成器。

打开条件生成器后，2的位置有2个选项，一个是"全部"，一个是"任何"。

2. 可设置的条件

可设置的条件分别如下。

（1）变量值：软件内自带了一个变量"OnLoadVariable"，也可以添加、删除、重命名变量，管理变量可以从菜单栏左数第四个（汉化版本的"线框图"）中的第三项"管理变量"进行上述操作。当然在条件编辑器里选择变量时最后一项"新建"也可以完成对变量的管理。变量值可以是字母、数字、特殊字符和汉字或者是它们的任意组合。

（2）变量长度：是指变量值的字符个数，在Axure里一个汉字的长度是1。变量长度的值可以通过Axure自带函数进行获取。

（3）元件文字：是指每个元件上面可编辑的文字。不包含动态面板、图片热区、垂直线、水平线、内部框架、下拉列表、列表框。

（4）元件值长度：仅包含单行和多行文本框、下拉列表和列表框。

（5）选中于：仅适用于单选按钮和复选框，选中时值为"真"，未选中时值为"假"。

（6）选中项于：仅适用于下拉列表和列表框，通过获取元件当前值来确定选中状态。

（7）动态面板状态：动态面板专用，以获取事件激发时动态面板的状态作为判断条件。

（8）动态面板可见性：动态面板专用，以动态面板显示或隐藏作为判断条件。

（9）焦点元件上的文字：即通过鼠标单击或Tab切换被选中的元件上的文字，如文本框获取焦点时，光标在文本框内闪动；按钮获取焦点时，四周会出现虚线。

（10）值：可以是字母、数字、汉字、符号、函数、公式；可以直接输入，或者单击fx进入编辑。可以设置等于、不等于、大于、包含、是、不是等条件。

（11）拖放光标：是指拖动动态面板时光标（鼠标指针）的位置，以拖放光标是否进入某个元件的范围为条件。

（12）元件范围：是指元件覆盖的范围，以是否触碰到指定元件为条件。

4.6 业务流程图软件

4.6.1 流程图

流程图是用图示的方式反映出特定主体为了满足特定需求而进行的有特定逻辑关系的一系列操作过程。流程图包含六大要素，分别是：角色、任务、流转、输入、输出、格式。产品设计中涉及的流程图有三种：业务流程图、任务流程图、页面流程图（图4-33）。

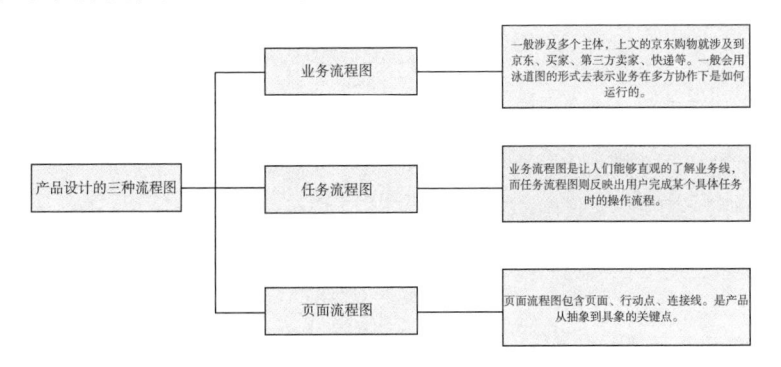

图4-33 产品设计中涉及的流程图

1. 业务流程图

凡事都是有流程的，包括最简单的吃饭睡觉刷牙，刷牙时，你要先拿起牙刷牙膏、挤牙膏、刷牙、漱口、洗牙刷、放好牙膏牙刷（图4-34）。

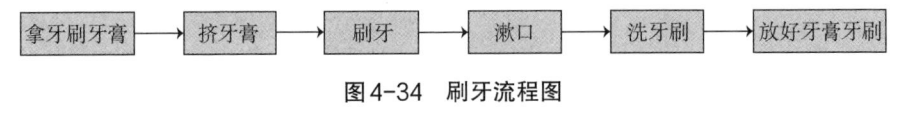

图4-34 刷牙流程图

你发现了用户的一个痛点，想要去解决它，进行产品定位和需求分析之后，你需要对整个业务模式进行分析，需要考虑以下几个问题：① 涉及哪些主体？② 每个主体都有哪些任务？③ 各个主体之间怎么联系的？

图4-35是关于网上购物支付的泳道图，用来反映业务流程。该泳道图涉及卖家、买家、第三方支付、银行等主体，每个主体都有其相应的任务，并用箭头来表示各个任务之间的先后次序。

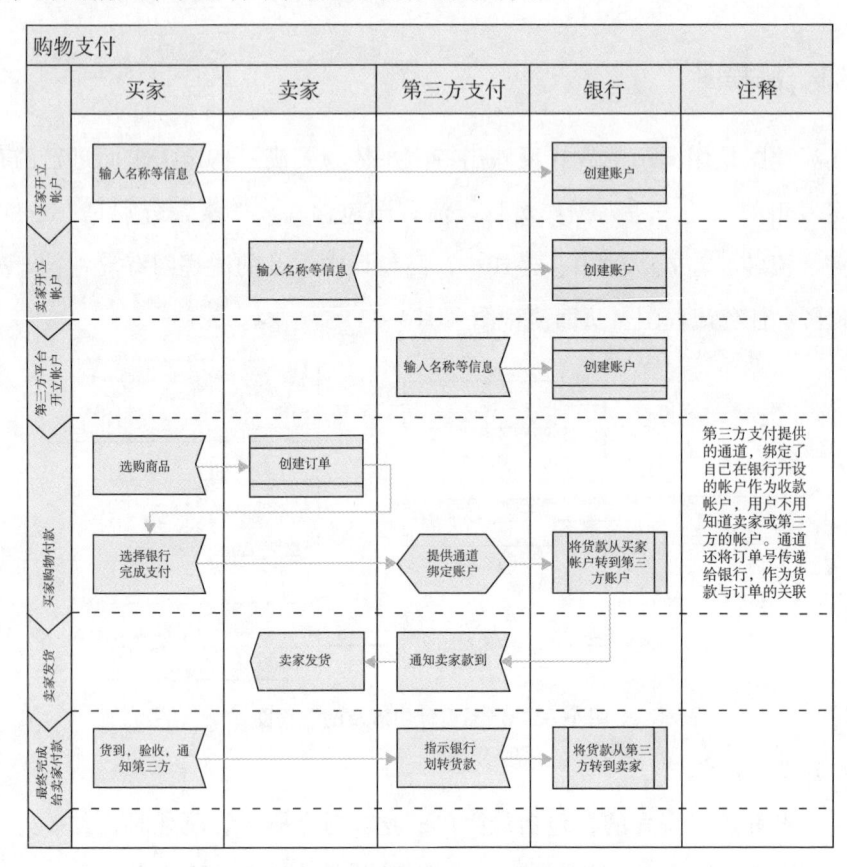

图4-35　购物支付的泳道图

2. 任务流程图

泳道图从战略层分析了整个业务流程，接下来要分解到各个任务层的具体操作，例如上面买家选购商品这个任务就涉及搜索商品、浏览搜索结果、查看商品详情，若满意则进入订单任务，若不满意则返回到搜索结果或者重新搜索，这就是具体的某个任务的流程（图4-36）。

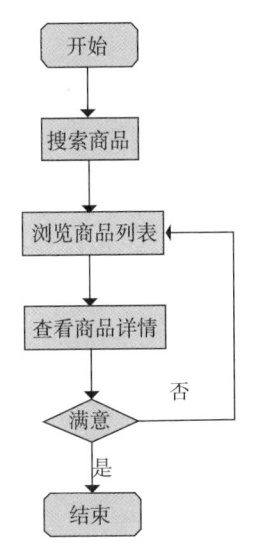

图4-36　某个任务的流程图

　　画具体任务流程的时候要注意从整体流程到局部流程，从主干流程到分支，从正常流程到异常流程。对于交互设计师来说，任务流程的主体一般是产品的用户，任务流程图反映的则是用户的行为。

　　拿滴滴和易到来说，打车就是主干流程，查看行程、查看优惠券、设置就是分支流程，做设计时应该先考虑打车流程，再去完善其他流程；用户正常打到车是正常流程，网络异常、高峰期打不到车等属于异常流程，先考虑正常流程、再考虑异常流程，而且异常流程一定要思考的全面。产品的逻辑漏洞多半是由于异常流程没有考虑清楚，所以画任务流程图能有效地减少产品原型图的逻辑漏洞。

3. 页面流程图

　　通过泳道图和流程图，把业务流程和各个功能的任务流程用图示的方式梳理清楚。其中任务流程图直观的告诉我们整个业务模型是怎样的、涉及哪些主体，这些主体下面都有什么任务要完成；任务流程图展示了主干任务和分支任务，描述了一个任务的大致流程。

　　而页面流程图的对象是页面，页面是互联网产品设计最基本的单元，不管APP也好、H5也好、PC端也好，这些产品由一个个页面组成。页面流描述了用户完成一个任务需要经过哪些页面，也就是我在哪，经过什么操作，能去哪。页面流有三个要素：页面、行动点、连接线。下面拿购物的页面流程举例说明（图4-37）。

画页面流时一般只考虑用户的正常路径就行，如果需要指出异常流程，在正常流程附近画出异常流程就行。产品设计从需求分析到信息架构，再到业务流程—任务流程—页面流，再到最后的原型图（线框图），是一个从抽象到具象的过程，也是从概况到细分的过程。经过一步步的分析，逐步将想法变成实实在在的产品，这就是产品设计的魅力所在。而这其中流程设计起到举足轻重的作用，不可忽视。

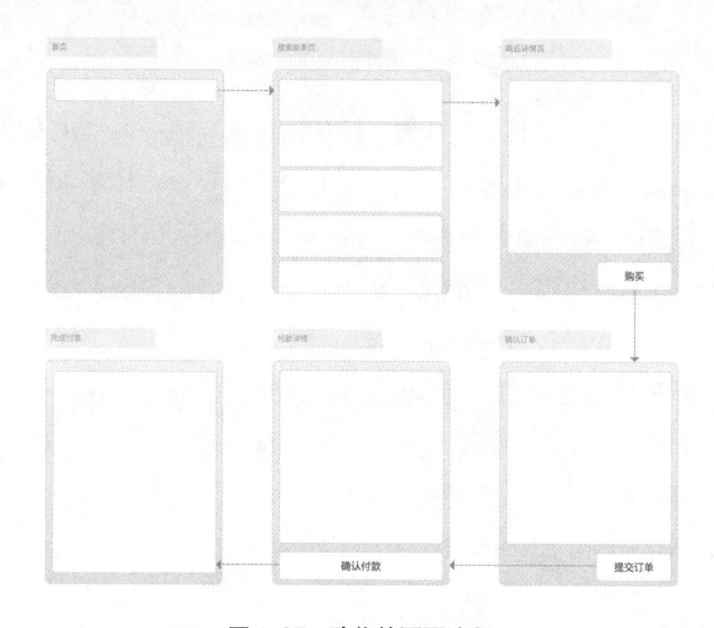

图4-37 购物的页面流程

4.6.2 Visio

Visio是微软公司出品的一款的软件，它有助于IT和商务专业人员轻松地可视化、分析和交流复杂信息。它能够将难以理解的复杂文本和表格转换为一目了然的Visio图表。该软件通过创建与数据相关的Visio图表（而不使用静态图片）来显示数据，这些图表易于刷新，并能够显著提高生产率。

以下将介绍 Visio 的使用，从首次启动 Visio 开始，到制作并保存简单图表的基础要素。首先，在计算机上启动 Visio。

1. 启动 Visio

Visio 将打开起始页，可以在其中查找许多图表类型的模板。

模板是用于起点的未完成示例图表。Visio 模板随附了用于特定图表类型的形状和工具，排列在一个空白页周围，您可以在其中拖动形状并将其连接到绘图中。

2. 打开模板

单击所需的模板类型，或单击"基本框图"以从头开始。一个带有一些信息以及使用公制单位或美制单位选项的小窗口将会打开。单击"创建"按钮以打开该模板。

空白绘图页的上方是 Microsoft Office 功能区，其中包含用于绘制图表的命令和工具。如果只看到了选项卡名称而看不到任何按钮，请单击某一选项卡名称，可在该选项卡中临时打开功能区。

提示：若要始终保持功能区打开，请单击右上角中的小固定图标。

3. "形状"窗口

左侧是"形状"窗口（图4-38）。它包含带有形状的模具。

（1）模具：是存放相关形状的容器。模板通常有多个模具，以帮助按类别整理形状。模具的标题栏位于"形状"窗口的顶部附近。单击模具标题栏以查看其包含的形状。

（2）形状：在图表中使用的几乎所有模板中的对象都是形状，包括连接线和页面。形状不仅仅是图标或图片，因为它们具有可帮助您自定义图表的功能。

在打开的模具上方，位于模具标题栏之下，有一个名为"更多形状"的选项卡。单击该选项卡将打开一个选项菜单，以便查找更多可用于图表中的形状。

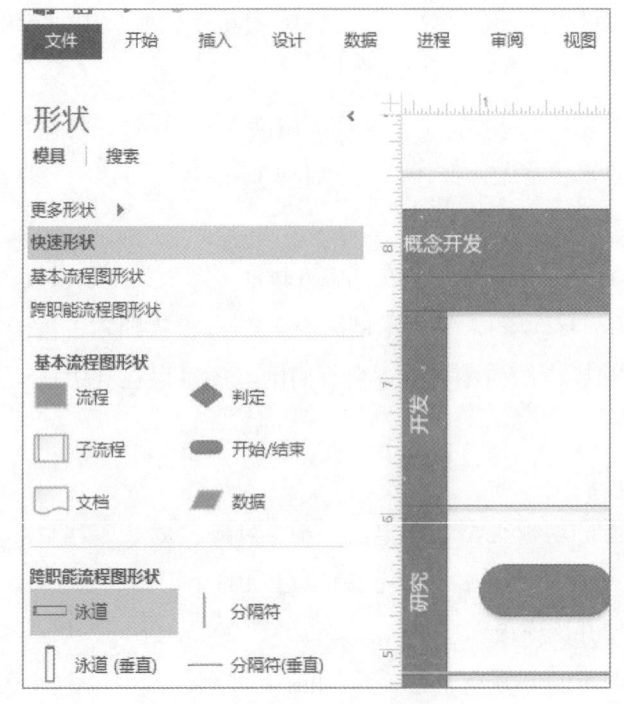

图4-38 "形状"窗口

（1）我的形状：如果下载或创建自定义模具，并将其保存在"我的形状"文件夹中，这些模具将自动显示在该子菜单。Visio将在"文档"文件夹内创建"我的形状"文件夹。

（2）业务、工程、流程图和其他类别：当需要包含在开始使用的模板中不存在的形状时，请浏览这些类别以查找其他模板中的模具。

（3）其他Visio方案：此模具包含其他模具所不包含的特定形状，如符号、图标、连接线、标注、工程和建筑工具或标题。在其中选择任意数目的形状以添加到自己的模具列表中。

（4）打开模具，新建模具："打开"可以浏览可添加到图表的计算机或网络上的模具文件（.vss）。"新建"将打开空模具，可以通过拖动形状并将其放到新模具上来添加形状。通过右键单击模具标题栏，然后单击"保存"，保存自定义模具。

（5）显示文档模具：该模具包含当前文档中所有形状，同时也包含被拖放在文档中且又从页面删除的所有形状。

"快速形状"是最顶部的标题栏。每个模具都有自身的一组快速形状，即该模具中最常用的形状。"快速形状"模具将使用的所有模具中的快速形状集合在一起，使用户可以在一个位置找到所创建图表类型的最常用形状。

如果找不到所需的形状，请尝试搜索。单击"形状"窗口顶部的"搜索"，然后键入关键字。

4. 创建简单图表

将"形状"窗口中的某个形状拖放到页面上。将鼠标指针置于该形状上方，直到四个箭头出现在各边周围。这是一些自动连接箭头，可让用户通过多种方法自动连接形状。

将鼠标指针悬停在一个箭头上，随后将显示一个浮动工具栏，其中保留了"快速形状"区域中的前四个形状。

将鼠标指针移到每个形状上，以查看该形状在图表中的预览。单击所需的形状，随即会显示该形状，并且它与第一个形状之间有一条连接线。

从"形状"窗口中拖动形状并将其悬停于页面的形状上方，直到出现箭头，然后将形状放置在其中一个箭头的顶部（图4-40）。

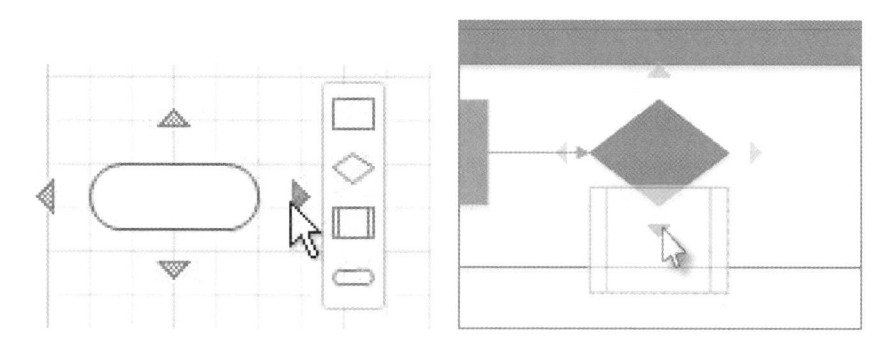

图4-39 保留前四个形状　　图4-40 将形状放置在其中一个箭头的顶部

若要连接两个形状，请将其中一个形状拖动至另一个形状的自动连接箭头的顶部（图4-41）。

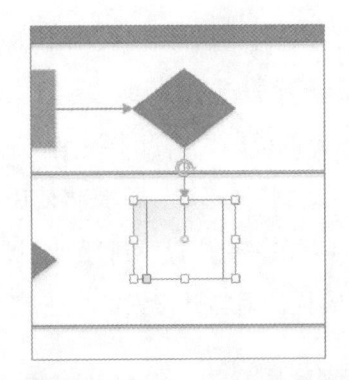

图 4-41　将一个形状拖动至另一个形状的自动连接箭头的顶部

将形状放在自动连接箭头上，随后，图表中会出现新的形状，该形状已连接到另一个形状。

将指针悬停在某个形状上，直到出现箭头，然后抓取一个箭头，将它拖动至要连接的形状上，并将它放在第二个形状的中间。

5. 向形状添加文本

单击一下形状并开始键入（图 4-42）。在键入完成后，按 Esc 键或单击页面的空白区域。

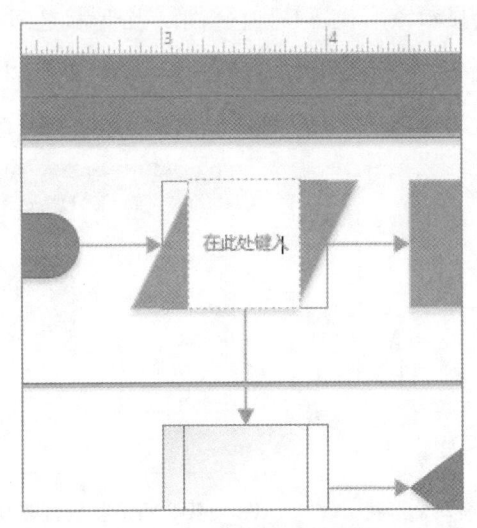

图 4-42　单击形状开始键入

向连接线添加相同的方式的文本。按 Esc 或单击别处后，再次选择连接线，可看到一个小框的文本，这是移动文本块的句柄。单击并拖动其向上、向下或旁边连接线。

6. 移动形状上的文本

单击"开始"—"工具"—"文本块"，转至带有文本的形状，然后围绕形状拖动文本。完成移动文本后，返回并单击"开始"—"工具"—"指针工具"。

7. 更改字体、大小和其他格式

选择具有文本的形状。单击"开始"，使用"字体"和"段落"组中的工具来设置文本的格式。

8. 使图表看起来更好看

单击"设计"—"背景"—"背景1"，单击一个背景设计。

现在查看 Visio 的底部，位于绘图页的正下方。有两个选项卡："第1页"和"背景1"。"第1页"是带有形状的页面，"背景1"是刚添加的背景页。单击"背景1"以仅查看背景页，然后单击"第1页"返回到图表中。

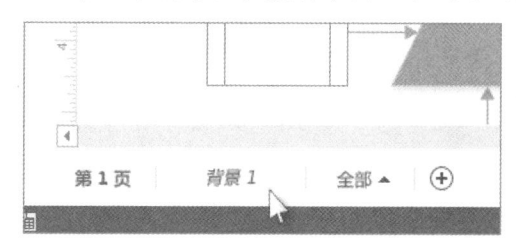

图 4-43　Visio 底部的两个选项卡

单击"设计"—"背景"—"边框和标题"。单击下列选项之一，将其添加到图表中。

可以看到边框和标题现已添加到背景页中，因此，如果想要添加标题，请单击背景页对应的选项卡。现在单击"标题"一次并开始键入。标题更改为新的文本。完成后，单击"第1页"选项卡返回到图表。

9. 添加颜色和其他格式

在"设计"选项卡上的"主题"组中，将指针缓慢地在不同主题上方移动。每个主题将在图表中添加不同的颜色和效果。单击要应用的主题。

10. 保存该图表

单击"文件"—"保存"。看一下这些选项，然后选择一个位置来保存文件。

在另存为对话框中，查找在文件名框中的正下方的保存类型列表，然后单击向下箭头以打开列表。有多个可以保存图表中，包括许多图像格式和 PDF 格式。

单击文件，并尝试侧栏中，如共享和导出，在其他选项卡以查看可用选项。

4.6.3　Mindmap

思维导图又称心智图，是表达发散性思维的有效的图形思维工具，它简单却又极其有效，是一种革命性的思维工具。思维导图运用图文并重的技巧，把各级主题的关系用相互隶属与相关的层级图表现出来，把主题关键词与图像、颜色等建立记忆链接。思维导图充分运用左右脑的机能，利用记忆、阅读、思维的规律，协助人们在科学与艺术、逻辑与想象之间平衡发展，从而开启人类大脑的无限潜能。思维导图因此具有人类思维的强大功能。

思维导图是一种将放射性思考具体化的方法。我们知道放射性思考是人类大脑的自然思考方式，每一种进入大脑的资料，不论是感觉、记忆或是想法包括文字、数字、符码、香气、食物、线条、颜色、意象、节奏、音符等，都可以成为一个思考中心，并由此中心向外发散出成千上万的关节点，每一个关节点代表与中心主题的一个联结，而每一个联结又可以成为另一个中心主题，再向外发散出成千上万的关节点，呈现出放射性立体结构，而这些关节的联结可以视为人的记忆，也就是人的个人数据库。

思维导图又称脑图、心智地图、脑力激荡图、思维导图、灵感触发图、概念地图、树状图、树枝图或思维地图，是一种图像式思维的工具以及一种利用图像式思考辅助工具。思维导图是使用一个中央关键词或想法引起形象化的构造和分类的想法；它用一个中央关键词或想法以辐射线形连接所有的代表字词、想法、任务或其他关联项目的图解方式。

MindManager：是一款创造、管理和交流思想的思维导图软件，其直观清晰的可视化界面和强大的功能可以快速捕捉、组织和共享思维、想法、资源和项目进程等等。MindManager新手入门教程专为新手用户设计，包含创建思维导图基本入门操作，让用户快速上手。

MindManager思维导图主要由中心主题、主题、子主题、附注主题、浮动主题、关系线等模块构成，通过这些导图模块可以快速创建需要的思维导图。

1. 新建MindManager项目

软件将自动新建一个导图项目，导图的中心主题为Central Topic，单击主题直接输入想要创建思维导图的名称（图4-44）。

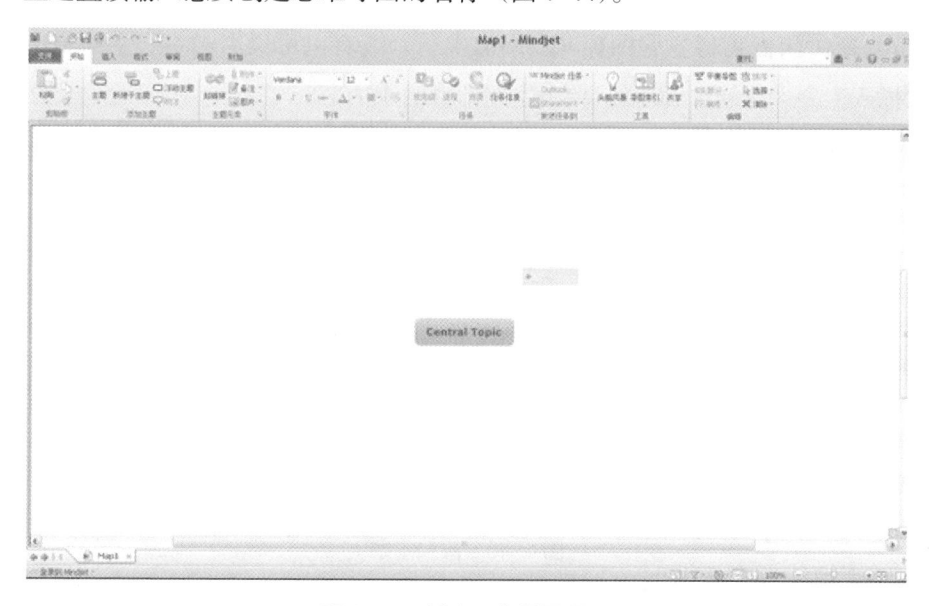

图4-44　新建一个导图项目

另外，也可以选择"文件"—"新建选项"，新建一个空白导图，或者从现有导图或预设模板创建一个导图（图4-45）。

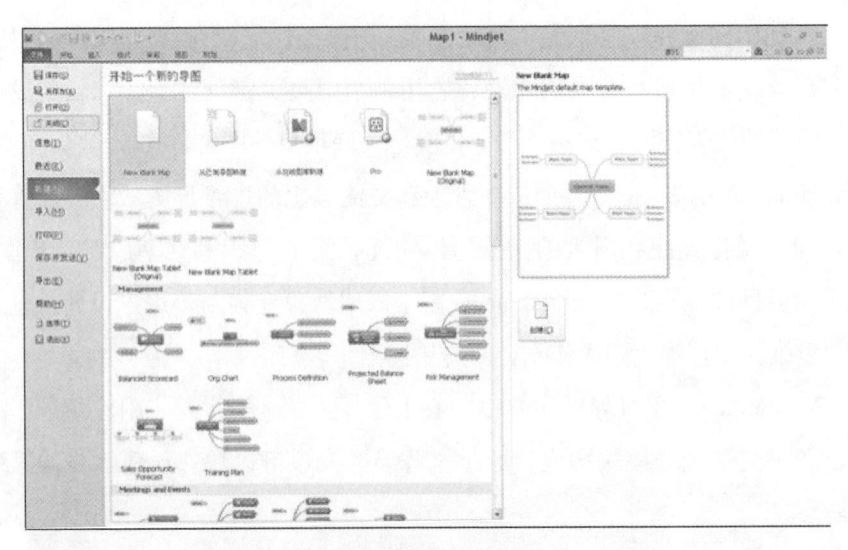

图 4-45　从现有导图或预设模板创建一个导图

2. 添加主题

按 Enter 键可迅速添加主题（图 4-46），也可以双击屏幕或者通过左上角快速访问工具栏主题图标 添加主题，或者也可以右击中心主题单击"插入"→"主题"，同样，单击主题即可输入内容。

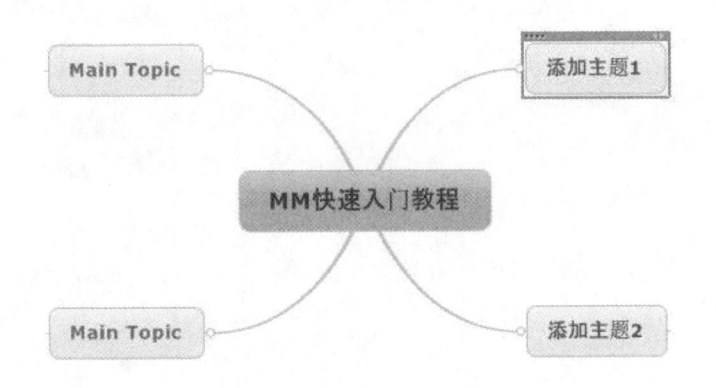

图 4-46　添加主题

如果主题下还需要添加下一级内容，可以再创建子主题（图 4-47），单击软件左上角快速访问工具栏新建子主题图标 ，也可以使用快捷键 Ctrl + Enter 键。

图4-47 创建子主题

如果不需要某个主题，可以选中主题，按Delete键即可。

3. 添加主题信息

通过菜单插入"主题元素"工具，可以为主题添加超链接、附件、备注、图片、标签、提醒以及指定任务信息等信息（图4-48）。

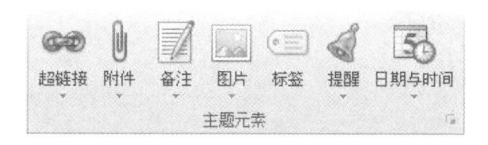

图4-48 添加主题信息

也可以通过右击主题，选择需要的主题元素添加到思维导图中，帮助用户更好地找到需要的信息（图4-49）。

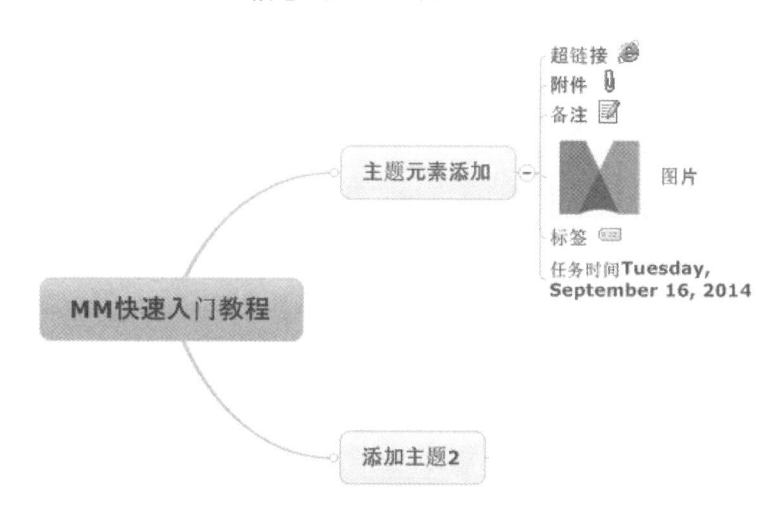

图4-49 添加主题元素到思维导图中

4. 添加主题信息的可视化关系

通过菜单插入"导图对象"或"标记"（图4-50），可以为主题添加特殊标记来对主题进行编码和分类、使用箭头展现主题之间的关系、使用分界线功能环绕主题组或者使用图像说明导图。

图4-50 插入"导图对象"或"标记"

也可以通过右击主题，选择需要的图标对象等对主题进行关联（图4-51）。

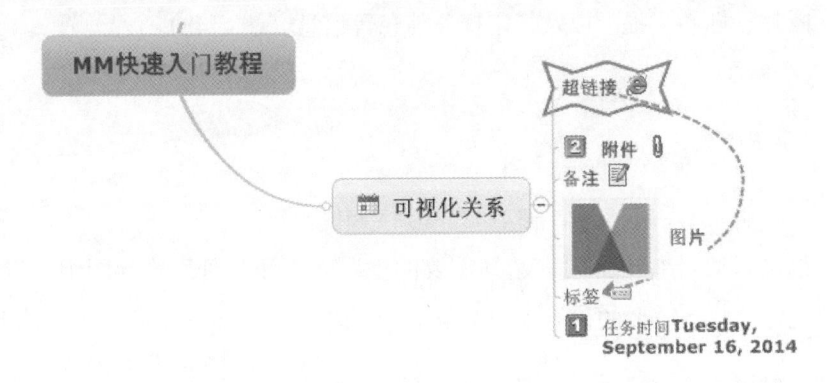

图4-51 对主题进行关联

5. 调整导图格式

单击菜单格式，可以使用样式、格式及字体调整整个导图的格式，不论是整体样式风格或者单独主题的格式，都可以自己选择（图4-52）。

图4-52 调整导图格式

第4章 互联网产品开发

6. 导图检查与保存

最终确认导图内容的拼写检查、检查导图中的链接及编辑导图属性，并保存导图（图4-53）。

图4-53　导图检查与保存

7. 使用与分享思维导图

可以将最终定稿的导图作为原始格式或者Mindjet Viewer文件格式发给项目、部门或者公司的其他成员，也可以演示、打印导图或者以其他格式导出导图，或者创建一组网页（图4-54）。

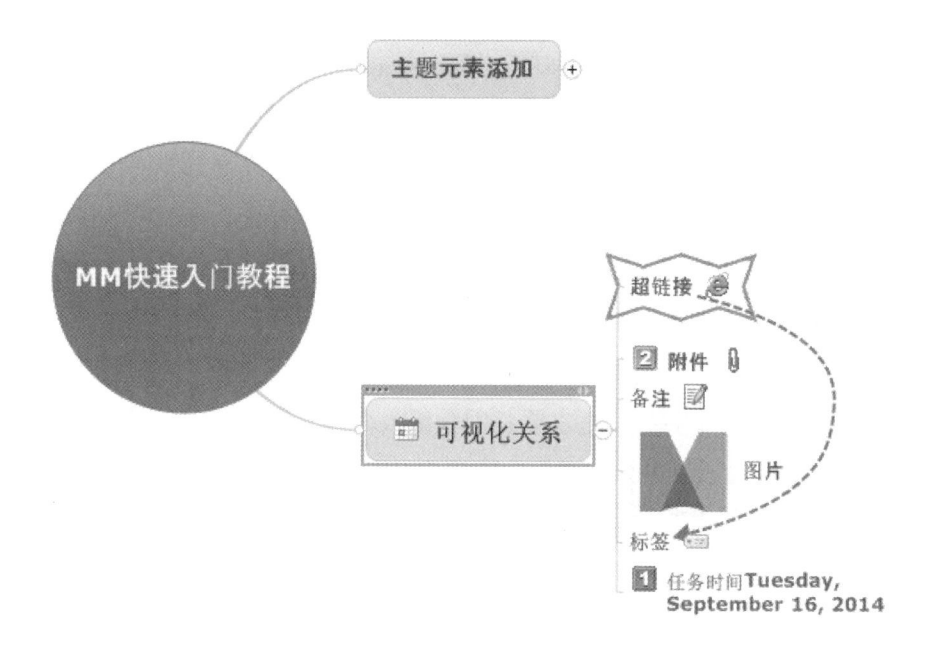

图4-54　使用与分享思维导图

4.7 写产品文档

前文逐步梳理了产品的信息结构、框架结构、界面结构（原型），这一步就要根据之前完成的工作，开始正式撰写产品需求文档了（PRD文档）。

通过之前的准备工作，我们更加清楚了产品的需求，并细致地考虑了方案的可行性，从而减少与避免了撰写文档时容易忽略的细节黑洞。

PRD文档没有标准的规范，也没有统一的模板，每个公司都不一样，并且每个人也不一样，这个取决于个人习惯和团队要求。虽然PRD文档没有标准的规范，但是有两项是必不可少的，那就是文件标识和修改记录。文档在撰写过程中，可以自行不断的修改完善，但是如果正式发布或交给团队其他成员后，一旦有了修改，为了文档的同步，就需要标注出文档的修改内容，备注修改记录。关于文件标识和修改记录，用户的格式都大同小异。

PRD文档的形式常见的有以下三种：Word、图片、交互原型。

1. Word

这是传统意义上的PRD文档，主要有四个部分组成（具体视用户的产品要求进行划分），分别是结构图、全局说明、频道功能、效果图。PRD文档的阅读者更多是偏向于技术人员，因此PRD文档目的性很明确，就是要描述产品的功能需求，所有PRD文档是没有关于市场方面的描述，同时建议用户尽量减少不必要的文字，在能够让阅读者看懂并且了解产品意图的情况下，文字越少越好。这主要是因为绝大多数人是没有足够耐心认真看完PRD文档，因此用户要尽量简化文档内容。

（1）信息结构图：主要是辅助服务端技术人员创建或调整数据结构的参考文件。产品结构图：主要是辅助设计和技术开发人员了解产品的全局结构，他和用户流程图不一样，产品结构图只是罗列出产品的频道和页面。

（2）全局说明：主要讲解产品的全局性功能的说明，如网站产品的页面编码、用户角色，移动产品的缓存机制、下载机制，这类全局性功能的说明。例如，一个移动产品的"状态维持与恢复"。

状态的维持与恢复：当用户退出产品时（误操作、Home键、锁屏、自动关机），产品需要维持用户操作前的状态，当用户返回产品时仍可以恢复到之前状态，并继续使用。

维持状态包括流程操作、信息浏览、文本输入、文件下载。

锁屏状态时，如果用户在产品中有下载任务时，仍然保持下载。

（3）频道功能：以频道为单位，页面为子项，分别描述产品的频道、页面及页面模块元素的功能需求示例格式如下。

1.频道名：频道介绍及需求说明

2.页面1：页面介绍及需求说明

2.1.页面模块1：模块功能需求说明

2.1.1.页面模块1—元素1：功能说明

2.1.2.页面模块1—元素2：功能说明

2.2.页面模块2：模块功能需求说明

在撰写功能需求时，需要考虑用户的流程，如一个"完成"按钮，需要描述它完成后，系统要不要给出反馈提示（反馈提示是什么样的形式反馈，内容显示成什么，有没有内容需要调取数据库），或者要不要跳转页面（跳转到哪个页面，这个页面是其他频道页面，还是这个功能的子页面，如果是子页面就需要再描述这个子页面的模块及元素内容）。

（4）效果图是由设计师完成的产品图，和实际开发完成的产品保真度一致。

2. 图片

图片形式的 PRD 文档是基于效果图的说明文件，将传统 word 形式的功能需求说明标注在效果图上，这种方式经常使用在移动互联网领域，实际上是图文形式的交互需求文件，只是在此基础上更深入的描述出功能需求。

对于图片形式的 PRD 文档，只需要另外再描述一下全局说明，其他频道页面的需求直接以图片形式展示，这种方式相对于 word 文档的纯文字更加生动易读并且直观，因此有一些产品经理非常喜欢用这种方式代替word形式的PRD文档。

3. 交互原型

这里指的交互原型就是原型设计，使用Axure PR之类的交互原型设计软件制作出来的产品原型非常真实和直观，并且原型软件还支持元素标注和导出word文档，因此很多产品经理都喜欢使用Axure PR来代替word完成PRD文档。

当我们通过Axure PR制作出产品原型后，实际上他已经是很完善的产品Demo了，因此我们只需要加上元素的标注，在标注中说明功能需求，这样导出的HTML文件相比word文档更直观易懂，是非常高效的产品需求说明方式。

无论采用哪种方式产出需求文档，最终的目的都是为了方便团队成员理解产品的意图，因此哪种方法能够避免细节黑洞，高效完成产品的设计和研发，那么这种方法就是最有效的方法。

第5章　大数据在出版行业的应用

出版业正在向跨媒体出版转变，数字化和绿色化是其转变的两大趋势。随着大数据技术的兴起，出版业离不开大数据的支持，大数据以其快速、方便、简洁的数据处理方式可大大提高出版效率。互联网为大数据的应用带来大量的数据源，促进了出版业对大数据的应用。国内一些传统的出版业，开始将大数据技术应用到出版之中。

在数字出版中数据能反映每个环节，只要存在数据就有提高效率的可能。出版业利用大数据对出版流程进行优化，提高了生产效率，减少了劳动力，降低了物质成本。大数据将出版业的概念技术变为可能，效率得到了全新维度的提升。在图书编排时，通过大数据对大量作品内容和设计风格关联性的分析，新书设计时能自动匹配可大量节省时间；在库存管理中应用RFID，可快速实现库存统计，联合GPS追踪技术可对仓库物流进行实时管理；大数据技术可找出出版流程中不必要的环节，实现出版流程的简化和重组。由于大数据的存在，数字出版无须再搭建数字平台，利用云出版平台既方便又廉价。

运用大数据技术对可出版内容、生产模式、传播介质、销售渠道等数字化流程中反馈的数据进行收集与分析，从而实现对出版流程的"实时监控"。对出版流程的"实时监控"能检测并修正出版流程中的错误并及时调整和改进出版产品及服务。

大数据的商业价值在于分析市场反馈的信息，并对用户需求进行预测，出版业出版本身就是信息产品，在获得信息反馈方面有强大的优势。现在，出版业利用大数据主要应用在以下三个方面：第一，预测哪本成书会受欢迎，进行出版；第二，预测哪些内容元素会受欢迎，进行创作；第三，创造新的出版模式，为用户提供新形式的出版服务，如众筹出版模式。

大数据技术支持下出版企业的出版流程变革通过对数据的利用与再利用可获得以下效果。

（1）通过收集、分析企业内部数据、企业外部数据，进行选题策划环节。

（2）结合市场现有属性数据及用户数据，选择关注度高的创作元素，实现内容开发的自动化与模式化生产环节。

（3）通过对产品内容的分析，智能匹配合适的装帧设计，进行编排制作。

（4）通过历史消费数据化及信息实时数据的分析，智能生成个性化的营销方案。

（5）获取用户对产品的评价、对服务的体验、对营销的接受效果等，进行用户反馈环节。

在大数据技术日渐完善的当下，出版业应充分利用大数据技术优势，以实现企业的再数字化发展。应用大数据是出版业跨越式发展的必然选择，一些传统出版业已开始享受数字化带来的优势，出版业的大数据技术应用具有美好的前景。

5.1 抓取

5.1.1 系统日志抓取方法

多数互联网企业都有海量数据采集工具，多用于系统日志采集。这些系统均采用分布式架构，能满足每秒数百MB的日志数据采集和传输需求。Scribe是facebook开源的日志收集系统，在facebook内部已经得到大量的应用。能够从各种日志源上收集日志，存储到一个中央存储系统（网络文件系统、分布式文件系统等）上，以便于进行集中统计分析处理。为日志的

"分布式收集，统一处理"提供了一个可扩展的，高容错的方案。

1. Scribe 架构

（1）Scribe agent：实际上是一个 thrift client。向 client 发送数据的唯一方法是使用 thrift client，Scribe 内部定义了一个 thrift 接口，用户使用该接口将数据发送给 server。

（2）Scribe：Scribe 接收到 thrift client 发送过来的数据，根据配置文件，将不同主题的数据发送给不同的对象。

（3）存储系统：存储系统实际上就是 Scribe 中的 store。

2. Hadhoop 架构

（1）代理：负责采集最原始的数据，并发送给收集器。

（2）适配器：直接采集数据的接口和工具。

（3）收集器：负责收集代理收送来的数据，并定时写入集群中。

（4）MapReduce 分析。

（5）多路分配器：负责对数据的分类、排序和去重。

5.1.2 网络数据采集方法

网络数据采集是指通过网络爬虫或网站公开 API 等方式从网站上获取数据信息。采集方法可以将非结构化数据从网页中抽取出来，将其存储为统一的本地数据文件，并以结构化的方式存储。支持图片、音频、视频等文件或附件的采集，附件与正文可以自动关联。除了网络中包含的内容之外，对于网络流量的采集可以使用带宽管理技术进行处理。

1. 基本概念

URL 队列：为爬虫提供需要抓取数据网络的 URL。

网络爬虫：从互联网上抓取网页内容，并抽取出需要的属性内容。

数据处理：对爬虫取得内容进行处理。

（1）数据：Site URL，需要抓取数据网站的 URL 信息。

（2）Spider Data，爬虫从网页中抽取出来的数据。

（3）Dp Data，经过 Dp 处理之后的数据。

2. 数据采集和处理的基本步骤

（1）首先选取一部分精心挑选的种子 URL。

（2）将需要抓取数据网站的 URL 信息放入待抓取 URL 队列。

（3）从待抓取 URL 队列中取出待抓取在 URL，解析 DNS，并且得到主机的 IP。并将 URL 对应的网页下载下来，存储进已下载网页库中。此外，将这些 URL 放进已抓取 URL 队列。

（4）分析已抓取 URL 队列中的 URL，分析其中的其他 URL，并且将 URL 放入待抓取 URL 队列，从而进入下一个循环。

3. 爬虫技术

网络爬虫是一种按照一定的规则，自动地抓取万维网信息的程序或者脚本，被广泛用于互联网搜索引擎或其他类似网站，可以自动采集所有其能够访问到的页面内容，以获取或更新这些网站的内容和检索方式。从功能上来讲，爬虫一般分为数据采集、处理、储存三个部分。传统爬虫从一个或若干初始网页的 URL 开始，获得初始网页上的 URL，在抓取网页的过程中，不断从当前页面上抽取新的 URL 放入队列，直到满足系统的一定停止条件。聚焦爬虫的工作流程较为复杂，需要根据一定的网页分析算法过滤与主题无关的链接，保留有用的链接并将其放入等待抓取的 URL 队列。然后，将根据一定的搜索策略从队列中选择下一步要抓取的网页 URL，并重复上述过程，直到达到系统的某一条件时停止。另外，所有被爬虫抓取的网页将会被系统存贮，进行一定的分析、过滤，并建立索引，以便之后的查询和检索；对于聚焦爬虫来说，这一过程所得到的分析结果还可能对以后的抓取过程给出反馈和指导。相对于通用网络爬虫，聚焦爬虫还需要解决三个主要问题：

（1）对抓取目标的描述或定义；

（2）对网页或数据的分析与过滤；

（3）对 URL 的搜索策略。

4. 爬虫原理

Web 网络爬虫系统的功能是下载网页数据，为搜索引擎系统提供数据来源。很多大型的网络搜索引擎系统都被称为基于 Web 数据采集的搜索引擎系统，如 Google、百度。由此可见 Web 网络爬虫系统在搜索引擎中的重要性。网页中除了包含供用户阅读的文字信息外，还包含一些超链接信息。Web 网络爬虫系统正是通过网页中的超链接信息不断获得网络上的其他网页。正是因为这种采集过程像一个爬虫或者蜘蛛在网络上漫游，所以才被称为网络爬虫系统或者网络蜘蛛系统，在英文中称为 Spider 或者 Crawler。

在网络爬虫的系统框架中，主过程由控制器，解析器，资源库三部分组成。控制器的主要工作是负责给多线程中的各个爬虫线程分配工作任务。解析器的主要工作是下载网页，进行页面的处理，主要是将一些 JS 脚本标签、CSS 代码内容、空格字符、HTML 标签等内容处理掉，爬虫的基本工作是由解析器完成。资源库是用来存放下载到的网页资源，一般都采用大型的数据库存储，如 Oracle 数据库，并对其建立索引。

（1）控制器：控制器是网络爬虫的中央控制器，主要是负责根据系统传过来的 URL 链接，分配线程，然后启动线程调用爬虫爬取网页的过程。

（2）解析器：解析器是负责网络爬虫的主要部分，其负责的工作主要有：下载网页的功能，对网页的文本进行处理，如过滤功能，抽取特殊 HTML 标签的功能，分析数据功能。

（3）资源库：主要是用来存储网页中下载下来的数据记录的容器，并提供生成索引的目标源。中大型的数据库产品有 Oracle、Sql Server 等。

Web 网络爬虫系统一般会选择一些比较重要的、出度较大的网站的 URL 作为种子 URL 集合。网络爬虫系统以这些种子集合作为初始 URL，开始数据的抓取。因为网页中含有链接信息，通过已有网页的 URL 会得到一些新的 URL，可以把网页之间的指向结构视为一个森林，每个种子 URL 对应的网页是森林中的一棵树的根节点。这样，Web 网络爬虫系统就可以根据广度优先算法或者深度优先算法遍历所有的网页。由于深度优先搜索算法可能会使爬虫系统陷入一个网站内部，不利于搜索比较靠近网站首页的网页信息，因此一般采用广度优先搜索算法采集网页。Web网络爬虫系统首先将种子URL放入下载队列，然后简单地从队首取出一个URL下载其对应的网页。得到网页的内容将其存储后，再经过解析网页中的链接信息可以得到一些新的URL，将这URL加入下载队列。然后再取出一个URL，对其对应的网页进行下载，然后再解析，如此反复进行，直到遍历了整个网络或者满足某种条件后才会停止下来。

5. 爬取策略

在爬虫系统中，待抓取URL队列是很重要的一部分。待抓取URL队列中的URL以什么样的顺序排列是一个很重要的问题。而决定这些URL排列顺序的方法，称为抓取策略。下面重点介绍几种常见的抓取策略。

（1）深度优先遍历策略：是指网络爬虫会从起始页开始，逐个链接跟踪下去，处理完这条线路之后再转入下一个起始页，继续跟踪链接。

（2）宽度优先遍历策略：其基本思路是，将新下载网页中发现的链接直接插入待抓取URL队列的末尾。网络爬虫会先抓取起始网页中链接的所有网页，然后再选择其中的一个链接网页，继续抓取在此网页中链接的所有网页。

（3）反向链接数策略：反向链接数是指一个网页被其他网页链接指向的数量。反向链接数表示的是一个网页的内容受到推荐的程度。因此，很多时候搜索引擎的抓取系统会使用这个指标来评价网页的重要程度，从而决定不同网页的抓取先后顺序，在真实的网络环境中，由于广告链接、作弊链接的存在，搜索引擎往往考虑一些可靠的反向链接数。

（4）Partial PageRank策略：借鉴了PageRank算法的思想，对于已经下载的网页，连同待抓取URL队列中的URL，形成网页集合，计算每个页面的PageRank值，计算完之后，将待抓取URL队列中的URL按照PageRank值的大小排列，并按照该顺序抓取页面。如果每次抓取一个页面，就重新计算PageRank值，一种折中方案是：每抓取K个页面后，重新计算一次PageRank值。但是这种情况还会有一个问题：对于已经下载下来的页面中分析出的链接，是之前提到的未知网页的部分，暂时是没有PageRank值的。为了解决这个问题，会给这些页面一个临时的 PageRank 值——将这个网页所有入链传递进来的 PageRank 值进行汇总，这样就形成了该未知页面的 PageRank 值，从而参与排序。

（5）OPIC 策略：该算法实际上是对页面进行一个重要性打分。在算法开始前，给所有页面一个相同的初始现金（Cash）。当下载了某个页面之后，将其的现金分摊给所有从中分析出的链接，并且将其现金清空。对于待抓取 URL 队列中的所有页面按照现金数进行排序。

（6）大站优先策略：对于待抓取 URL 队列中的所有网页，根据所属的网站进行分类。对于待下载页面数多的网站，优先下载，因此称为大站优先策略。

6. 爬虫分类

网络爬虫基本可以分三类。

第一类为分布式爬虫 Nutch，主要是解决两个问题：① 海量 URL 管理；② 网速。现在比较流行的分布式爬虫，是 Apache 的 Nutch。但是对于大多数用户来说，Nutch 是这几类爬虫里最不好的选择，理由如下。

（1）Nutch 是为搜索引擎设计的爬虫，大多数用户是需要一个做精准数据爬取的爬虫。用 Nutch 做数据抽取，会浪费很多的时间在不必要的计算上。而且如果试图通过对 Nutch 进行二次开发，来使得适用于精抽取的业务，基本上就要破坏 Nutch 的框架。

（2）Nutch 依赖 hadoop 运行，hadoop 本身会消耗很多的时间。如果集群机器数量较少，爬取速度反而不如单机爬虫快。

（3）Nutch 利用反射的机制来加载和调用插件，使得程序的编写和调试都变得异常困难，而且 Nutch 并没有为精抽取提供相应的插件挂载点。

第二类为 JAVA 爬虫。

（1）如果爬虫不支持多线程、不支持代理、不能过滤重复 URL 的，都不能是开源爬虫，而是循环执行 HTTP 请求。爬虫主要是负责遍历网站和下载页面，遍历 JS 生成的信息和网页信息抽取模块有关，往往需要通过模拟浏览器来完成。这些模拟浏览器，往往需要耗费很多的时间来处理一个页面。所以一种策略就是，使用这些爬虫来遍历网站，遇到需要解析的页面，就将网页的相关信息提交给模拟浏览器，来完成JS生成信息的抽取。

（2）对于网页中异步加载的数据，爬取这些数据有两种方法：使用模拟浏览器，或者分析Ajax的HTTP请求，生成Ajax请求的URL，获取返回的数据，需要要用开源爬虫的线程池和URL管理功能。

（3）开源爬虫支持在爬取时指定Cookies，模拟登录主要是靠Cookies。至于Cookies怎么获取，不是爬虫管的事情。可以手动获取、用HTTP请求模拟登录或者用模拟浏览器自动登录获取Cookies。

（4）开源爬虫会集成网页抽取工具。主要支持两种规范：CSS SELECTOR和XPATH。

（5）另一些爬虫自带一个模块负责持久化。

（6）如果爬虫被网站所封，一般采用多代理（随机代理）就可以解决。但是这些开源爬虫一般没有直接支持随机代理的切换。所以用户往往都需要自己将获取的代理放到一个全局数组中，再写一个代理随机获取。

（7）爬虫的调用是在Web的服务端调用的。

（8）爬虫的速度慢，往往是因为用户把线程数开少了、网速慢，或者在数据持久化时，与数据库的交互速度慢。

（9）爬不到数据，遇到这种情况，可能是网站把账号封了，可能是爬的数据是Java Script生成的。

（10）爬虫无法判断网站是否爬完，只能尽可能覆盖。

第三类为非JAVA爬虫。

在非JAVA语言编写的爬虫中，有很多优秀的爬虫。Python在代码编写过程中速度较快，但是在调试代码的阶段，Python代码的调试往往会耗费远远多于编码阶段省下的时间。使用Python开发，要保证程序的正确性和稳定性，需要写更多的测试模块。当然如果爬取规模不大、爬取业务不复杂，使用Scrapy爬虫较好。对于C++爬虫来说，学习成本会比较大。而且不能只计算一个人的学习成本，如果软件需要团队开发或者交接，是多个人的学习成本。软件的调试难度大。还有一些Ruby、Php的爬虫。

7.反爬虫技术

因为搜索引擎的流行,网络爬虫已经成了很普及网络技术,除了专门做搜索的Google、Yahoo、微软、百度以外,几乎每个大型门户网站都有搜索引擎,还有各种不知名的成千上万种,对于一个内容型驱动的网站来说,受到网络爬虫的光顾是不可避免的。

一些智能的搜索引擎爬虫的爬取频率比较合理,对网站资源消耗比较少,但是很多糟糕的网络爬虫,对网页爬取能力很差,经常并发几十上百个请求循环重复抓取,这种爬虫对中小型网站往往是毁灭性打击,特别是一些缺乏爬虫编写经验的程序员写出来的爬虫破坏力极强,造成的网站访问压力会非常大,会导致网站访问速度缓慢,甚至无法访问。

一般网站从三个方面反爬虫:用户请求的Headers、用户行为、网站目录和数据加载方式。前两种比较容易遇到,大多数网站都从这些角度来反爬虫。第三种应用ajax的网站会采用,这样增大了爬取的难度。

(1)通过Headers反爬虫:从用户请求的Headers反爬虫是最常见的反爬虫策略。网站都会对Headers的User-Agent进行检测,还有一部分网站会对Referer进行检测。如果遇到了这类反爬虫机制,可以直接在爬虫中添加Headers,将浏览器的User-Agent复制到爬虫的Headers中;或者将Referer值修改为目标网站域名。对于检测Headers的反爬虫,在爬虫中修改或者添加Headers就能很好地绕过。

(2)基于用户行为反爬虫:还有一部分网站是通过检测用户行为,例如同一IP短时间内多次访问同一页面,或者同一账户短时间内多次进行相同操作。大多数网站都是前一种情况,对于这种情况,使用IP代理就可以解决。可以专门写一个爬虫,爬取网上公开的代理IP,检测后全部保存起来。有了大量代理IP后可以每请求几次更换一个IP,这在requests或者URLlib2中很容易做到,这样就能很容易的绕过第一种反爬虫。对于第二种情况,可以在每次请求后随机间隔几秒再进行下一次请求。有些有逻辑漏洞的网站,可以通过请求几次,退出登录,重新登录,继续请求来绕过同一账号短时间内不能多次进行相同请求的限制。

(3)动态页面的反爬虫：上述的几种情况大多都是出现在静态页面，还有一部分网站，需要爬取的数据是通过 Ajax 请求得到，或者通过 Java 生成的。首先用 Firebug 或者 HttpFox 对网络请求进行分析。如果能够找到 Ajax 请求，能分析出具体的参数和响应的具体含义，能采用上面的方法，直接利用 Requests 或者 URLlib2 模拟 Ajax 请求，对响应的 Json 进行分析得到需要的数据。

但是有些网站把 Ajax 请求的所有参数全部加密了，没办法构造所需要的数据的请求。除了加密 Ajax 参数，还把一些基本的功能都封装了，全部都是在调用自身的接口，而接口参数都是加密的。遇到这样的网站，不能用上面的方法，需要 Selenium+Phantom JS 框架，调用浏览器内核，并利用 Phantom JS 执行 JS 来模拟人为操作以及触发页面中的 JS 脚本。从填写表单到单击按钮再到滚动页面，全部都可以模拟，不考虑具体的请求和响应过程，只是完完整整的把浏览页面获取数据的过程模拟一遍。

用这套框架几乎能绕过大多数的反爬虫，因为不是在伪装成浏览器来获取数据，本身就是浏览器，Phantom JS 就是一个没有界面的浏览器，只是操控这个浏览器的不是人。

8. 其他数据采集方法

对于企业生产经营数据或学科研究数据等保密性要求较高的数据，可以通过与企业或研究机构合作，使用特定系统接口等相关方式采集数据。

5.1.3 自动抽词技术

随着网络信息的日益增长，信息检索成为人们查找科技文献的主要手段。在文献检索技术中，关键词自动抽取技术起着重要的作用，该技术能够让用户在最短的时间内了解全文的主要内容，提高用户的检索效率，加快用户的阅读速度，因此设计和实现一个关键词抽取系统能充分提高文献检索的质量与性能。

自动抽词技术能够识别出词典中没有出现过的词汇、短语、命名实体、流行用语，是语言文献分析方面的一把利器。自动抽词技术脱胎于语言自动分词技术，又是对分词技术的有效提升和补充。

5.1.4　自动抽词

自动抽词技术能够识别出词典中没有出现过的词汇、短语、命名实体、流行用语，是语言文献分析方面的一把利器（图5-1）。自动抽词技术脱胎于语言自动分词技术，又是对分词技术的有效提升和补充。

自动抽词技术主要特色如下。

（1）速度快：可以处理海量规模的网络文本数据，平均每小时处理至少60万篇文档；

（2）处理精准：分析结果往往能反映出当时的时事流行语和热点实体；

（3）精准排序：新词汇按照影响权重排序，可以输出权重值；

（4）开放式接口：自动抽词技术大数据搜索与挖掘共享开发平台的一部分，采用灵活的开发接口，可以方便地融入用户的业务系统中，可以支持各种操作系统、各类调用语言。

图5-1　自动抽词技术

5.2 搜索

Hadoop、Spark 和 NoSQL 数据库现在正发展得如火如荼，但搜索技术是最原始、最有用的大数据技术之一。随着许多开源工具（如 Solr、Lucidworks 及 Elasticsearch）的出现，可以使用非常强大的方法优化 I/O 及个性化用户体验。

如何使用 Spark 查遍所有涌入 NoSQL 数据库的大批量数据？问题在于，搜索模式是单一的字符串搜索和向下查询，这已经超出了数据库的有效能力范围。从存储中拉取数据并在内存中解析。当在内存中处理意义明确的数据集时，Spark 很有帮助，不仅在于其强大的吸收能力，更是因为其在内存中的分析能力和转移到内存中的能力一样强大。仍然需要考虑存储并且要知道如何做才能达到想要的快速简洁的效果。

5.2.1 搜索与机器学习

机器学习和其他相关技术之间，不存在明显的界限。文本或语言信息往往可以反映出搜索问题，不管是数值型还是二进制型，非文本或语言都可以表明问题所在。在某些方面，这些技术的处理方式甚至很类似，如异常检测，任何一个技术都可以有效地解决该问题。关键的问题在于当把部分内存作为标准进行检索时，能否挑选出正确的数据，而不必浏览所有数据。对文本或定义明确的数值型数据来说是比较简单的。异常检测机制可能会自发进行搜索，当然这种方法有其局限性，如果不知道需要什么，或不能明确定义规则，搜索显然就不是合适的工具了。

5.2.2 搜索和上下文

搜索并不仅仅是解决工作集、内存或 I/O 问题，大多数大数据项目的弱点之一是缺少上下文环境。尽管可以发现许多用户数据，但如何个性化用户体验呢？使用所知道的一切用户信息，可以提高呈现在用户面前的数据质量。当向用户呈现个性化页面时，前端的用户交互和后端的搜索需要使用流分析。

5.2.3 搜索解决方案

作为数据架构师、工程师、开发者或者是科学家，在搜索方案上，至少需要一到两个选择。使用索引和搜索技术可以构建更好的工作空间，还可以避免机器学习或分析以及简单地从存储中通过某种标准选择数据，甚至通过某些标志，基于数据流对用户数据进行个性化。不难发现，搜索是非常不错的选择。

大数据是指数据集很大很复杂，这些数据集从各种各样的来源创建，如杂志、报纸、文章等。有7个开源的搜索引擎适合用于大数据处理。

（1）Apache Lucene 是 Apache 软件基金会一个开放源代码的全文检索引擎工具包，是一个全文检索引擎的架构，提供了完整的查询引擎和索引引擎，部分文本分析引擎。Lucene 的目的是为软件开发人员提供一个简单易用的工具包，以方便地在目标系统中实现全文检索的功能，或者是以此为基础建立起完整的全文检索引擎。Lucene 提供多种查询类型——短语查询、通配符查询、近似查询、范围查询等，可单独针对某个字段查询，可单独根据某个字段排序，多索引搜索并合并搜索结果，允许同步更新索引和搜索，灵活的搜索、高亮显示、结果集的联合和分组快速。

（2）Apache Solr 是一个开源的搜索服务器。Solr 使用 Java 语言开发，主要基于 HTTP 和 Apache Lucene 实现。Apache Solr 中存储的资源是以 Document 为对象进行存储的。每个文档由一系列的 Field 构成，每个 Field 表示资源的一个属性。

（3）Elastic Search 是一个基于 Lucene 构建的开源、分布式搜索引擎。该设计用于云计算中，能够达到实时搜索，稳定、可靠、快速、安装使用方便。支持通过 HTTP 使用 JSON 进行数据索引。

（4）Sphinx是一个基于SQL的全文检索引擎，可以结合MySQL，PostgreSQL做全文搜索，可以提供比数据库本身更专业的搜索功能，使得应用程序更容易实现专业化的全文检索。Sphinx特别为一些脚本语言设计搜索API接口，如PHP、Python、Perl、Ruby等，同时为MySQL设计了一个存储引擎插件。

（5）Xapian是一个用C++编写的全文检索程序，作用类似于Java的Lucene，但是C/C++并没有相应的工具，而Xapian则填补了此空白。

（6）Nutch是一个开源Java实现的搜索引擎，提供了运行自己的搜索引擎所需的全部工具，包括全文搜索和Web爬虫。相对于那些商用的搜索引擎，Nutch作为开放源代码搜索引擎将会更加透明。现在所有主要的搜索引擎都采用私有的排序算法，而不会解释为什么一个网页会排在一个特定的位置。除此之外，有的搜索引擎依照网站所付的费用，而不是根据它们本身的价值进行排序。Nutch尽最大的努力为用户提供最好的搜索结果。Nutch致力于能很容易且花费很少就可以配置Web搜索引擎。

（7）LGTE是基于Lucene提供了扩展Lucene API用于集成很多服务，如片段生成、查询扩展等，并提供了一组单元测试。提供了简单和高效的Lucene API的抽象层在主题、时间和地理方面支持集成检索和排序的依据支持Lucene标准的检索模型，提供了更高级的概率检索方法支持Rochio查询扩展，提供了用于IR仿真体验的框架包含trec_eval工具的Java替换版（包含一个简单的测试应用），用来搜索Braun Corpus或Cranfield CorpusTREC/CLEF仿真框架−集合索引的工具。

5.2.4　知识搜索和推理技术

知识搜索（Knowledge Search）并非单纯的是一种搜索，它首先是知识管理的一种实现理念，承担了"知识汇聚、知识发现、知识分类、知识聚类、知识门户的构建"，通过搜索引擎技术完成知识管理的使命。知识搜索引擎、知识分类体系、知识专家网络共同构成了当今世界上先进知识管理系统的主要内涵。

知识搜索是在搜索引擎发展进入智能化阶段的过程，是建立在明确的知识来源基础上，根据明确的用户身份与诉求，回馈恰当知识结果的搜索引擎，更为强调知识的准确、标准，强调通过互动机制如评价、交流、修改、维护等进行搜索结果的自我学习，以达到知识搜索的智能化。

知识推理是指在计算机或智能系统中，模拟人类的智能推理方式，依据推理控制策略，利用形式化的知识进行机器思维和求解问题的过程。

5.2.5 知识搜索和推理

语义联想搜索、同义联想：如搜索"马铃薯"可以同时返回"土豆"的内容，搜索"北京市"可以返回"北京"或者"首都"的内容。

对主题数据库中的资源，提供多种适合用户方便获取资源的检索服务，包括如下内容。

（1）多种资源类型统一检索：输入检索词可以检索到图书，图片，多媒体、条目等各种资源，打破资源类型的局限，检索和资源主题相关的所有资源（图5-2）。

（2）相关检索词推荐：用户输入检索词，系统自动列出最近使用过的检索词进行自动补全，减少用户的输入操作和记忆负担（图5-3）。

图5-2 全部检索

图5-3 针对主题数据库检索

（3）记忆用户检索历史，帮助用户快速找到之前曾查找的资源，从而进一步进行筛选过滤。

（4）检索结果提供多种过滤条件和排序条件，帮助用户更精确定位所需资源。

（5）提供全文检索服务，不仅可以对资源的各项属性进行检索，对资源的内容也可以进行检索。

5.3 自动分类

分类是找出数据库中的一组数据对象的共同特点并按照分类模式将其划分为不同的类，其目的是通过分类模型，将数据库中的数据项映射到给定的类别中，可以应用到涉及数据分类、趋势预测中。这些数据中，文本数据是数量最大的一类，并且有着广泛的应用场景：

（1）新闻网站包含大量报道文章，基于文章内容，需要将这些文章按题材进行自动分类（如自动划分成政治、经济、军事、体育、娱乐等）。

（2）在电子商务网站，用户进行了交易行为后对商品进行评价分类，商家需要对用户的评价划分为正面评价和负面评价，来获取各个商品的用户反馈统计情况。

（3）电子邮箱频繁接收到垃圾广告信息，通过文本分类技术从众多的邮件中识别垃圾邮件并过滤，提高了邮箱用户的使用效率。

（4）媒体每日有大量投稿，依靠文本分类技术能够对文章进行自动审核，标记投稿中的色情、暴力、政治、垃圾广告等违规内容。

1. 文档建模

机器学习方法让计算机自己去学习已经分类好的训练集，然而计算机是很难按人类理解文章那样来学习文章，因此，要使计算机能够高效地处理真实文本，就必须找到一种理想的形式化表示方法，这个过程就是文档建模。文档建模一方面要能够真实地反映文档的内容；另一方面又要具有对不同文档的区分能力。文档建模比较通用的方法包括布尔模型、向量空间模型（VSM）和概率模型。其中最为广泛使用的是向量空间模型。

2. 中文分词技术

在使用向量模型表示文档时，首先要对文档进行词汇化处理。对于英语或者法语等语言来说，将文档转化成词的集合比较简单，但是对于汉语来说，不像英文文本的单词那样有空格来区分，这个处理过程要依赖于分词技术。从简单的查词典的方法，到后来的基于统计语言模型的分词方法，中文分词的技术已趋于成熟。但是，尽管现在分词软件的准确率已经比较高了，对专业术语（称为未登录词识别）的识别率还不是很好。为了进一步提高关键词抽取的准确率，通常需要在词库中添加专名词表来保证分词的质量。

在完成分词之后，需要对词语的位置信息做进一步的发掘，需要确定记录位置信息的方式及各个位置的词在反映主题时的相对重要性。标题、摘要和结论、正文等文章各个部分的位置权重是各不相同的，当软件逐词扫描统计词频时，记录每个词的位置信息。

在计算文档的特征向量的值时，还需要对文本集进行一些处理，过滤掉无用的信息。滤除这些没有作用的词语可以减少文本特征向量的维数，减少不必要的运算。常见做法包括：

（1）去掉一些低频词，如某些单词只在一两个文本中出现过，这样词留在集合中会导致大部分文本样本的该属性值为0。

(2) 去掉停止词，一般这种词几乎不携带任何信息。例如，"的""地""得"之类的助词，以及像"然而""因此"等只能反映句子语法结构的词语，不但不能反映文献的主题，而且还会对关键词的抽取造成干扰，有必要将其滤除。去停止用词确定为所有虚词以及标点符号。

(3) 去掉一些标记信息，这主要针对网页文本或其他的标记语言文本。

3. 特征抽取

目前大多数中文文本分类系统都采用词作为特征项，称作特征词。这些特征词作为文档的中间表示形式，用来实现文档与文档、文档与用户目标之间的相似度计算。如果把所有的词都作为特征项，那么特征向量的维数将过于巨大，会对分类系统的运算性能造成极大的压力，需要完成文本分类几乎是不可能的。寻求一种有效的特征降维方法，不仅能降低运算复杂度，还能提高分类的效率和精度。特征抽取的主要功能就是在不损伤核心信息的情况下降低向量空间维数，简化计算，提高文本处理的速度和效率。相对于其他分类问题，文本特征抽取的方式常见的有4种：

(1) 用映射或变换的方法把原始特征变换为较少的新特征；

(2) 从原始特征中挑选出一些最具代表性的特征；

(3) 根据专家的知识挑选最有影响的特征；

(4) 基于数学方法进行选取，找出最具分类信息的特征。

其中基于数学方法进行特征选择比较精确，人为因素干扰少，尤其适合于文本应用。这种方法通过构造评估函数，对特征集合中的每个特征进行评估，并对每个特征打分，这样每个词语都获得一个评估值，又称为权值，然后将所有特征按权值大小排序，提取预定数目的最优特征作为提取结果的特征子集。

4. 特征向量权值计算

特征权重用于衡量某个特征项在文档表示中的重要程度或区分能力的强弱。选择合适的权重计算方法，对文本分类系统的分类效果能有较大的提升作用。影响特征词权值的因素包括以下几点。

(1) 词频和文档频度：是特征项最重要的影响因素。文本内的中频词往往具有代表性，高频词区分能力较小，而低频词常常可以作为关键特征词。而对于文档频度这一角度，出现文档多的特征词，分类区分能力较差，出现文档少的特征词更能代表文本的不同主题。结合词频和文档频度来评估特征的重要性有较强的区分能力，在不同方法中有不同的应用公式，这些方法包括：绝对词频（TF）、倒排文档频度（IDF）、TF-IDF、TFC、ITC、TF-IWF。

① 绝对词频：直接使用特征项在文本中出现的频度；

② 倒排文档频度：稀有特征比常用特征含有更新的信息；

③ TF-IDF：权重与特征项在文档中出现的频率呈正比，与在整个语料中出现该特征项的文档书呈反比；

④ TFC：对文本长度进行归一化处理后的TF-IDF；

⑤ ITC：在TFC基础上，用tf的对数值代替tf值；

⑥ TF-IWF：在TF-IDF算法的基础上，用特征项频率倒数的对数值IWF代替IDF，并且用IWF的平方平衡权重值对于特征项频率的倚重。

（2）词性：汉语言中，能标识文本特性的往往是文本中的实词，如名词、动词、形容词等。而文本中的一些虚词，如感叹词、介词、连词等，对于标识文本的类别特性并没有贡献，是对确定文本类别没有意义的词。如果把这些对文本分类没有意思的虚词作为文本特征词，将会带来很大噪声，从而直接降低文本分类的效率和准确率。因此，在提取文本特征时，应首先考虑剔除这些对文本分类没有用处的虚词，而在实词中，又以名词和动词对于文本的类别特性的表现力最强，所以可以只提取文本中的名词和动词作为文本的一级特征词。

（3）标题：是作者给出的提示文章内容的短语，特别在新闻领域，新闻报道的标题一般都要求要简练、醒目，有不少缩略语，与报道的主要内容有着重要的联系，对摘要内容的影响不可忽视。统计分析表明，小标题的识别有助于准确地把握文章的主题。主要体现在两个方面：正确识别小标题可以很好地把握文章的整体框架，理清文章的结构层次；同时，小标题本身是文章中心内容的高度概括。因此，小标题的正确识别能在一定程度上提高文摘的质量。

（4）位置：新闻报道性文章的形式特征决定了第一段一般是揭示文章主要内容的。因此，有必要提高处于特殊位置的句子权重，特别是报道的首句和末句。但是这种现象又不是绝对的，所以，不能认为首句和末句就一定是所要摘要的内容，因此可以考虑一个折衷的办法，即首句和末句的权重上可通过统计数字扩大一个常数倍。首段、末段、段首、段尾、标题和副标题、子标题等处的句子往往在较大程度上概述了文章的内容。对于出现在这些位置的句子应该加大权重。互联网上的文本信息大多是HTML结构的，对于处于Web文本结构中不同位置的单词，其相应的表示文本内容或区别文本类别的能力是不同的，所以在单词权值中应该体现出该词的位置信息。

（5）句法结构：句式与句子的重要性之间存在着某种联系，如摘要中的句子大多是陈述句，而疑问句、感叹句等则不具内容代表性。通常，"总之""综上所述"等一些概括性语义后的句子，包含了文本的中心内容。

（6）专业词库：通用词库包含了大量不会成为特征项的常用词汇，为了提高系统运行效率，系统根据挖掘目标建立专业的分词表，这样可以在保证特征提取准确性的前提下，显著提高系统的运行效率。用户并不在乎具体的哪一个词出现得多，而在乎泛化的哪一类词出现得多。真正起决定作用的是某一类词出现的总频率。基于这一原理，可以先将词通过一些方法依主题领域划分为多个类，然后为文本提取各个词类的词频特征，以完成对文本的分类。可以通过人工确定领域内的关键词集。

（7）信息熵：熵（Entropy）在信息论中是一个非常重要的概念，是不确定性的一种度量。信息熵方法的基本目的是找出某种符号系统的信息量和多余度之间的关系，以便能用最小的成本和消耗来实现最高效率的数据储存、管理和传递。将可以将信息论中的熵原理引入到特征词权重的计算中。

（8）文档、词语长度：一般情况下，词的长度越短，其语义越泛。一般来说，中文中词长较长的词往往反映比较具体、下位的概念，而短的词常常表示相对抽象、上位的概念。一般说来，短词具有较高的频率和更多的含义，是面向功能的；而长词的频率较低，是面向内容的，增加长词的权重，有利于词汇进行分割，从而更准确地反映出特征词在文章中的重要程度。词语长度通常不被研究者重视。但是在实际应用中发现，关键词通常是一些专业学术组合词汇，长度较一般词汇长。考虑候选词的长度，会突出长词的作用。长度项可以使用对数函数来平滑词汇间长度的剧烈差异。通常来说，长词汇含义更明确，更能反映文本主题，适合作为关键词，因此将包含在长词汇中低于一定过滤阈值的短词汇进行了过滤。所谓过滤阈值，就是指进行过滤短词汇的后处理时，短词汇的权重和长词汇的权重的比的最大值。如果低于过滤阈值，则过滤短词汇，否则保留短词汇。根据统计，二字词汇多是常用词，不适合作为关键词，因此对实际得到的二字关键词可以做出限制。例如，抽取5个关键词，最多允许3个二字关键词存在。这样的后处理无疑会降低关键词抽取的准确度和召回率，但是同候选词长度项的运用一样，人工评价效果将会提高。

（9）词语间关联：词汇间的关联关系对提升文本理解的深度有非常重要的影响，如中文中存在大量的同义词、近义词、中文简称、指代等。在前文中计算词频、出现位置时，如果没有很好的考虑词语间关联，则很容易错误的识别文章的核心关键词，影响文本分类精度。

（10）单词的区分能力：在TF×IDF公式的基础上，又扩展了一项单词的类区分能力。新扩展的项用于描述单词与各个类别之间的相关程度。

（11）词语直径：词语直径是指词语在文本中首次出现的位置和末次出现的位置之间的距离。词语直径是根据实践提出的一种统计特征。根据经验，如果某个词汇在文本开头处提到，结尾又提到，那么对该文本来说，是个很重要的词汇。不过统计结果显示，关键词的直径分布出现了两极分化的趋势。所以词语直径是比较粗糙的度量特征。

（12）首次出现位置：简单的统计可以发现，关键词一般在文章中较早出现，因此出现位置靠前的候选词应该加大权重。实验数据表明，首次出现位置和词语直径两个特征只选择一个使用就可以了。由于文献数据加工问题导致中国学术期刊全文数据库的全文数据不仅包含文章本身，还包含了作者、作者机构以及引文信息，针对这个特点，使用首次出现位置这个特征，可以尽可能减少全文数据的附加信息造成的不良影响。

（13）词语分布偏差：特征权重计算方法没有最好的选择，往往要依据现实的具体场景来选取适合的方法。在进行特征权重的计算之后，已经可以把测试集数据采用机器学习方法进行分类训练。但是实际操作会遇到一些问题。单词并不都包含相同的信息。如果在一部分文件中有些单词频繁地出现，那将扰乱分类系统的分析。想要对每一个词频向量进行比例缩放，使其变得更具有代表性。

5. 样本训练

文本分类算法：由于文本分类本身是一个分类问题，所以一般的模式分类方法都可以用于文本分类应用中。常用的分类算法包括以下几种。

（1）Rocchio分类器：基本思想是首先为每一个训练文本建立一个特征向量，然后使用训练文本的特征向量为每个类建立一个原型向量（类向量）。当给定一个待分类文本时，计算待分类文本与各个类别的原型向量之间的距离，然后根据计算出来的距离值决定待分类文本属于哪一类别。一个基本的实现方法就是把一个类别里的文档各项取个平均值，作为原型变量。

（2）朴素贝叶斯分类器：利用特征项和类别的列和概率来估计给定文档的类别概率。假设文本是基于词的一元模型，即文本中当前词的出现依赖于文本类别，但不依赖于其他词及文本的长度，词与词之间是独立的。

（3）基于支持向量机（SVM）的分类方法：主要用于解决二元模式分类问题。SVM的基本思想是在向量空间中找到一个决策平面。支持向量机分类法就是要在训练集中找到具有最大类间界限的决策平面。

（4）k-最近邻方法：基本思想是给定一个测试文档，系统在训练集中查找离它最近的k个邻近文档，并且根据这些邻近文档的分类来给该文档的候选类别评分。把邻近文档和测试文档的相似度作为邻近文档所在类别的权重，如果这k个邻近文档中的部分文档属于同一个类别，那么将该类别中每个邻近文档的权重求和，并作为该类别和测试文档的相似度。然后，通过对候选分类评分的排序，给出一个阈值。

（5）神经网络：是人工智能中比较成熟的技术之一。基于该技术的分类器的基本思想是：给每一类文档简历一个神经网络，输入通常是单词或者更加复杂的特征向量，通过机器学习方法获得从输入到分类的非线性映射。

（6）决策树分类器把文本处理过程看作是一个等级分层分解完成的复杂任务。决策树是一棵树，树的根节点是整个数据集合空间，每个分结点是对一个单一变量的测试，改测试将数据集合空间分割成两个或更多个类别，决策树可以是二叉树可以是多叉树。每个叶结点是属于单一类别的记录。构造决策树分类器时，首先要通过训练生成决策树，然后再通过测试集对决策树进行修剪。一般可通过递归分割的过程构建决策树，其生成过程通常是自上而下的，选择分割的方法有很多种，但是目标都是一致的，就是对目标文档进行最佳分割。

6. 文本分类评估

针对不同的目的，多种文本分类器性能评价方法被提出，包括召回率、正确率和F-测度值。设定 m 表示分类器将输入文本正确分类到某个类别的个数；n 表示分类器将输入文本错误分类到某个类别的个数；k 表示分类器将输入文本错误地排除在某个类别之外的个数。此分类器的召回率、正确率和F-测度值分别采用以下公式计算：

（1）召回率：$r = m / (m + k) \times 100\%$；

（2）正确率：$p = m / (a + n) \times 100\%$；

（3）F-测度值：$F = (2 \times p \times r)/(p + r)$。

由于在分类结果中，对应每个类别都会有一个召回率和正确率，因此，可以根据每个类别的分类结果评价分类器的整体性能，通常方法有两种：微平均和宏平均。微平均是根据正确率和召回率计算公式直接计算出总得正确率和召回率值。宏平均是指首先计算出每个类别的正确率和召回率，然后对正确率和召回率分别取平均得到总的正确率和召回率。不难看出，宏平均平等对待每一个类别，所以值主要受到稀有类别的影响，而微平均平等考虑文档集中的每一个文档，所以它的值受到常见类别的影响比较大。

5.4 自动摘要

自动摘要技术是利用计算机自动实现文本分析、内容归纳和摘要自动生成的技术，能够实现文档内容的精简提炼，从长篇文档中自动提取关键句和关键段落，构成摘要内容，方便用户快速浏览文本内容，提高工作效率。自动摘要软件不仅可以针对一篇文档生成连贯流程的摘要，还能够将具有相同主题的多篇文档去除冗余，并生成一篇简明扼要的摘要。用户可以自由设定摘要的长度、百分比等参数。

1. 自动摘要分类

自动摘要的分类方法有很多，根据原文语言种类划分，可以分为：单语言自动摘要和跨语言自动摘要。

根据输入文档的数量划分，可以分为单文档自动摘要和多文档自动摘要。

根据文摘和原文的关系划分，可以分为摘录式（Extraction）文摘和理解式（Abstraction）文摘。摘录型文摘由原文中抽取出来的片段组成，理解型文摘是对原文摘要内容重新组织后形成的。

2. 自动摘要过程

自动摘要过程主要包括三个基本步骤。

（1）自动分析过程：对文档进行分析处理，识别出冗余信息；

（2）文档内容的自动选取和泛化过程：从文档中自动辨认重要信息，通过摘录或概括的方法压缩文本，或通过计算分析的方法形成文摘表示；

（3）文摘的自动转换和生成过程：实现对文档内容的重组或者根据内部表示生成文摘，并确保文摘的连贯性。

文摘的输出形式依据文摘的用途和用户需求确定。不同的系统所采用的具体实现方法不同，因此在不同的系统中，上述几个模块所处理的问题和采用的方法有所差异。

3. 文本自动摘要的基本问题

在单文档摘要系统中，一般都采取基于抽取的方法。而对于多文档而言，由于在同一个主题中的不同文档中不可避免地存在信息交叠和信息差异，因此如何避免信息冗余，同时反映出来自不同文档的信息差异是多文档文摘中的首要目标，而要实现这个目标通常要在句子层以下做工作，如对句子进行压缩、合并、切分等。另外，单文档的输出句子一般是按照句子在原文中出现的顺序排列，而在多文档摘要中，大多采用时间顺序排列句子，如何准确的得到每个句子的时间信息，是多文档文摘需要解决的一个问题。

自动文摘过程包含三个基本步骤，实现这些基本步骤的方法可以使基于句子抽取的，可以是基于内容理解的。无论哪种方法，都必须面对三个关键问题：

（1）文档冗余信息的识别与处理；

（2）重要信息的辨认；

（3）生成文摘的连贯性。

不同的人理解一篇文档会有很大的不同，基于人工评价的方法有类似于评价开放的文科辨析题目答案一样，需要从答案中寻找一些所谓的要点，计算要点的覆盖率，打分。人工评价结果在很大程度上都是可信的，因为人可以推理、复述并使用世界知识将具有类似意思但形式不同的文本单元关联起来，更加灵活一些，但是时间成本太高，效率太低。

而计算机评价效果，需要给定参考摘要作为标准答案，通过制定一些规则来给生产的摘要打分。基本思想是将待审的摘要和参考摘要的 n 元组共现统计量作为评价依据，然后通过一系列标准进行打分。通俗地讲就是通过一些定量化的指标来描述待审摘要和参考文摘之间的相似性，维度考虑比较多，在一定程度上可以很好地评价产生的摘要。

这里涉及一个重要的问题，就是标注语料的问题。自动评价需要给定一系列文档以及它们的参考摘要，用来测试不同的算法效果。现有的评价标准存在的一个重要问题在于没有考虑语义层面上的相似。Deep Learning将世界万物表示成数字，然后作分析。在词、句子甚至段落这个层面上的表示学习研究的非常多，所以做语义层面上的评价并不难。这里的语料分为两种，一种是用来训练深度学习模型的大型语料，一种是用来参加评测的小型语料。

4. 自动摘要的基本实现

目前自动摘要的研究主要集中在抽取方法，主要考虑摘要的信息压缩比、内容的覆盖率和平衡性、语句的多样性、整体的可读性等因素，这些因素直接影响自动文摘结果的好坏。具体的实现方法有基于特征的分析方法、基于潜在语义分析的方法、基于主题模型的方法。近几年，由于深度学习在自然语言处理领域的流行，使得用深度学习的技术来实现文本摘要成为可能。

5.5 自动关键词

TF-IDF（Term Frequency-inverse Document Frequency）是一种用于资讯检索与资讯探勘的常用加权技术。TF-IDF是一种统计方法，用以评估一字词对于一个文件集或一个语料库中的其中一份文件的重要程度。字词的重要性随着它在文件中出现的次数呈正比增加，但同时会随着它在语料库中出现的频率呈反比下降，作为文件与用户查询之间相关程度的度量或评级。此外，还会使用基于链接分析的评级方法，以确定自动关键字在结果中出现的顺序。

在一份给定的文件里，词频（Term Frequency，TF）指的是某一个给定的词语在该文件中出现的次数。这个数字通常会被归一化，以防止偏向长的文件。逆向文件频率（Inverse Document Frequency，IDF）是一个词语普遍重要性的度量。某一特定词语的IDF，可以由总文件数目除以包含该词语之文件的数目，再将得到的商取对数得到。某一特定文件内的高词语频率，以及该词语在整个文件集合中的低文件频率，可以产生出高权重的TF-IDF。因此，TF-IDF倾向于保留文档中较为特别的词语，过滤常用词。

自动提取关键词的原理如下。

将词频和逆向文件频率相乘，就得到了一个词的TF-IDF值。某个词对文章的重要性越高，TF-IDF值就越大。所以，排在最前面的几个词，就是这篇文章的关键词。

第1步：计算词频，词频TF=单个词在文章中的出现次数。

第2步：计算逆文档频率，$IDF log\left(\dfrac{语料库的文档总数}{包含该词的文档数+1}\right)$，需要一个语料库，用来模拟语言的使用环境，分母需要加1，是为了避免分母为0（即所有文档都不包含该词）。

第3步：计算TF-IDF=TF×IDF。

从上面的公式可以看到，TF-IDF与一个词在文档中的出现次数呈正比，与该词在整个语言中的出现次数呈反比。所以，自动提取关键词的算法主要是计算出文档的每个词的TF-IDF值，然后按降序排列，取排在最前面的几个词。

第6章 案例

随着移动互联网的迅猛发展，国内对互联网产品应用设计与开放趋向于统一共识。通过本书的学习，可实现对移动互联网数字出版产品的全面理解，掌握设计和实现某项产品实践过程、方法。

以下案例主要包括北京印刷学院学生设计的图书商城网站、知识库网站及石嘴山日报社设计的手机APP等。

6.1 新闻客户端

6.1.1 石嘴山日报社设计手机APP

1. 项目背景

中国互联网信息中心（CNNIC）发布的报告显示，移动互联网用户超过5.27亿，占网民总数（6.32亿）的比例升至83%，手机已经超越台式计算机成为第一大上网终端。手机网民最常使用的应用是即时通信、搜索和新闻浏览。随着智能手机的普及，受众获取新闻的主要渠道更迅速地从计算机转向移动终端，新闻客户端成为受众获取信息的重要路径。

2. 项目概述

"今日石嘴山"数字平台整合资源，依托互联网优势、网路优势和产业影响力，目前下设"要闻""街拍""影像""最精彩视频""美文"等主题板块，每一个板块都有承担的主流媒体和对应的活动作为主要支撑，以参与和互动为特色，除主题版块外，"今日石嘴山"将致力于成为精品活动的聚合平台，发挥各方优势，推出多种活动，强力引领社会风尚。

3. 功能说明

（1）首页说明："今日石嘴山"根据各功能分为"要闻""街道""影像""精彩视频""美文"等板块，读者可以按照自己的喜好选择进入各个页面，浏览石嘴山新闻，让新闻的传播迅速、精准。同时，读者可以参与到活动、便民、直播等模块，体验互联网+带来的实惠，如图6-1所示。

图6-1　APP首页

（2）要闻包含：石嘴山近日发生的重要新闻，读者可单击进入进行浏览，如图6-2、图6-3所示。同时，读者可以单击图6-3下方进行评论，如图6-4所示。街道板块同要闻板块一样。

图6-2　要闻页面　　　　图6-3　要闻评论页面

图6-4　发表评论页面

（3）影像：包含石嘴山市重大活动照片及各种新闻图片，读者可以通过进入影像板块进行浏览，单击影像进入影像列表，如图6-5所示，进入列表后，读者可以单击影像列表浏览自己感兴趣的图片，如图6-6所示。

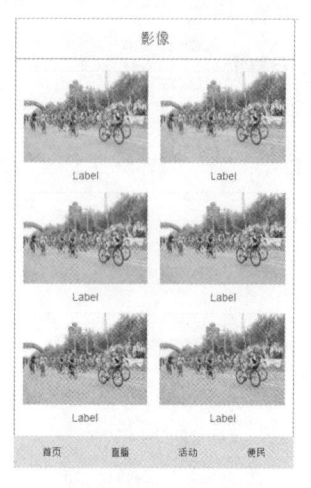

图6-5　影像列表　　图6-6　读者感兴趣的图片

（4）直播列表页面：对石嘴山发生的重大新闻和活动进行直播，让读者能零距离体验直播带来的快捷。在首页面单击直播进入直播列表，如图6-7所示，进入直播页面后，读者可以根据喜好单击进入直播间，进行互动，如图6-8所示，同时还可以在下方的评论中进行评论（图6-9）。

图6-7　直播列表

图6-8　在直播同时进行互动　　图6-9　在直播时进行评论

（5）活动信息：包括石嘴山发生的重大活动及有关民生、惠民方面的活动，读者可通过单击活动模块进行参与，如图6-10所示。参与流程如图6-11所示。

图 6-10　活动信息页面

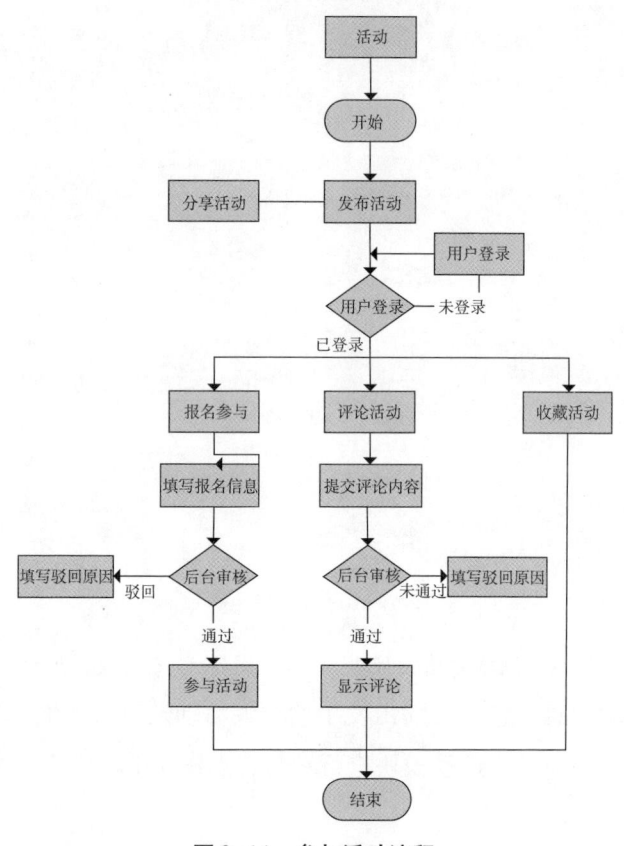

图 6-11　参与活动流程

（6）便民信息：便民模块可方便对违章、缴费、服务等方面进行查询，如图6-12所示。

图6-12　便民模块

4. 功能管理

单击首页右上角图标会弹出若干对话框，包括登录注册、我的消息、新闻爆料、设置及分享好友等模块，用户可单击进行操作，并在弹出的相关页面进行注册、爆料等相关操作。同时在我的消息模块可查看与自己相关的信息。

（1）登录注册：用户可单击进行个人信息填写注册，如图6-13所示。

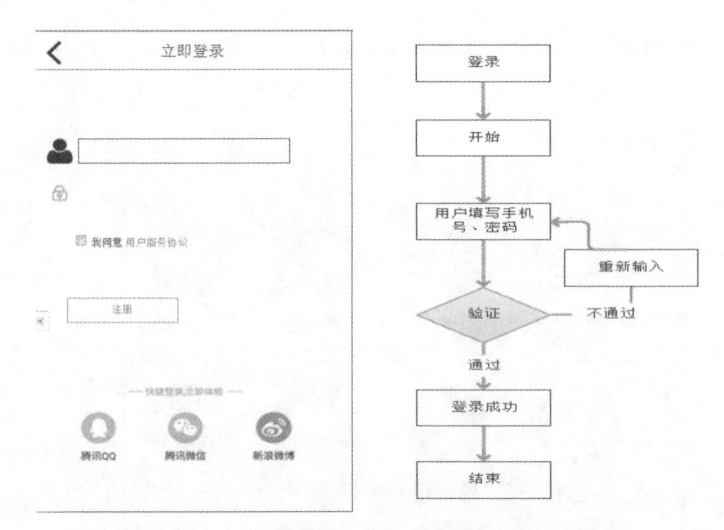

图6-13 登录注册页面

（2）我的消息：用户可在我的消息查看相关信息，如图6-14所示。

图6-14 我的消息页面

（3）新闻爆料：用户可以将发生在身边的新闻线索，向APP提供线索，如图6-15所示。

图6-15　新闻爆料页面

（4）设置：用户可在设置模块根据自己喜好进行设置，如图6-16所示。

图6-16　设置模块界面

6.1.2　来看手机APP

"来看手机"APP是北京印刷学院学生培训课堂实践作品。作为一个新闻类APP产品，该产品将重点放在了订阅和互动之上。通过"发现""八卦"

"长知识""段子手"等特色热点栏目，让用户发现趣闻；通过"有得聊""预言帝"等互动栏目，让用户能够与其他用户进行互动沟通，增强了用户黏性（图6-17）。

图6-17 "来看手机"APP页面

6.2 图书商城网站

此项目为经过产品经理培训后,北京印刷学院学生作品。学生在经过系统培训后,分成若干个学习小组,进行实战训练。前期,先由学生集体讨论,确定产品思路、产品功能、产品流程,明确分工。然后分别进行页面制作。最后进行汇总,形成完整的产品。这样,在有限的时间内,让每个学生都参与到产品设计的过程。该作品架构清晰,细节完善,整个产品逻辑和体系较为完整,作为入门级的产品设计,表现可圈可点。

6.2.1 My books

图6-18~图6-21分别为My books的首页,图书列表页、图书详情页和我的订单页。

图6-18　My books首页

图6-19　My books图书列表页

图6-20 My books图书详情页

图6-21 My books我的订单页

1. 设计理念

（1）网站定位：该网站名为"My Books"，是一个专注于对个人用户进行图书销售业务的网站，兼具图书信息检索平台的性质，某种意义上也是个人的藏书馆。

My Books英文意译为"我的图书"，有三个层面的寓意。一是体现了网站针对与个人用户的个性化设置功能。网站面向的受众是个人，会根据个人的需求及偏好，为个人推荐符合其需求的书本。二是网站具有高度的私密性和保护性，能保护好"我"这个主体。三是我的图书包含了用户可能想要的一切图书，体现了网站所包含的图书种类众多。"My"中文的谐音可以理解为"买"或者"卖"，直接体现了网站作为图书销售类网站的交易性质。

（2）网站特色：网站的主要特色体现在两个方面，一是图书的分类，二是页面的设计。图书的大分类以馆为界限，包括文学馆、少儿馆、教育馆、人文社科馆、励志成功馆、生活馆、艺术馆、科技馆和英文原版图书九个大类，在每个类别下面还有继续细分，分类明确且详细。页面的设计简洁雅致，符合现代审美，实用美观，在此基础上包括齐全的功能，能够进行完整的交易。

2. 设计原则

网站设计的最高原则为必须集实用功能与审美艺术效果为一体。图书种类繁多，单纯从网站内容的角度看，需要有明确的分类。故而将网站的深度有三级，一级为网站的首页，即图书的大类展示、热点推荐页面；二级为以每个图书大类为主题，再进行细分的页面和搜索结果的展示一类的页面；三级则为图书的具体信息展示、购买的页面。由于网站实际为图书交易网站，因此，网站还设计了支付页面、个人中心（用户的注册、登录、个人资料修改、购物车、已买商品）等页面。

3. 产品功能

（1）分类查找功能：网站将图书分为了文学馆、少儿馆、教育馆、人文社科馆、励志成功馆、生活馆、艺术馆、科技馆和英文原版图书九个大类，每个大类下方有细化的热门分类，可从首页直接单击进入。此外，单击每个图书大类的板块，便可进入一个二级页面，此页面中以某一大类为主题，对该大类下的图书进行栏目的具体细分。以文学馆这一大类为例，从首页单击该面板，进入文学综合馆，其中的栏目包含有文学推荐书单、散文/随笔/书信、中国文学、外国文学、诗歌词曲、经典作品/作品集、纪实文学/民间文学、文学鉴赏、更多分类（儿童文学、文学期刊、戏剧曲艺、文学理论、文学史）等。

（2）关键字搜索功能：用户可以根据关键字对图书进行检索，检索的页面会呈现包含该关键字词的所有搜索结果，以图书商品的形式呈现在页面中。

（3）交易功能。

① 收藏：对于喜欢的商品，用户有三种选择，一是收藏，二是加入购物车，三是立即购买。收藏之后，用户可以在个人中心单击对应面板查看。

② 购物车：购物车中，用户可以查看到已购买的、未购买的所有商品，并且进行管理。

③ 订单：订单在用户单击购买之后便自动产生，用户可在个人中心中我的订单菜单里查看，并对订单进行取消、删除、保存等管理功能。

④ 购买：用户可以自主选择购买或不购买，购买哪本书，购买多少本，购买电子版还是纸质版的书，用何种方式进行支付。并且，用户可以填写图书发往的地点，选择快递方式，如若是购买电子版，则可选择接收终端。

（4）反馈功能：用户在购买商品之后，可以对商品进行评价，还可对店家、快递等进行评分。

（5）个人中心：除上文已提及的功能，在个人中心还可设置收货地址和浏览历史等，还可以进入用户个人信息的修改页面。

（6）个人信息：用户可在登陆或注册后对个人信息进行修改，包括基本信息和其他信息。在此页面中，还可测试账户安全等级，查看级别，绑定其他账号，查看消费记录，进行应用授权等。

6.2.2　24H图书商城

图6-22为"24H图书商城"首页。

图6-22　24H图书商城首页

1. 设计理念

随着互联网技术的发展、"全民阅读"的倡导，传统的实体书店不能满足人们的购书需求。在这样的背景下，网上电子书城应运而生。当当、亚马逊、京东电子书城都颇具影响力。电子书城相对于实体书店具有动态展示信息、图书数量种类多、购书不受时间空间限制、多途径、个性服务、价格低廉等优势。

24H图书商城在兼顾时代背景和电子书城优势的前提下，通过搭建平台，实现纸质书和电子书的网上交易和管理的全过程。为用户提供图书分类展示、促销活动展示、图书榜单展示、图书详情介绍、图书购买、支付、查看处理订单、阅读已买电子书、社区交流、话题分享、购书反馈等功能。

"24H"寓意时间不息，阅读不止。通过读书可以修身养性、获取知识、开阔视野，因此采用柔和、细腻、有活力的桃红色作为主色调。

2. 设计方法

为了让网站能充分吸引访问者的注意力，让访问者产生视觉上的愉悦感。因此在并24H图书商城创作的时候，将网站的整体设计与网页设计的相关原理紧密结合起来，并结合自身的认识，通过艺术的手法展现给访问者。同时明确网站建设目的，结合自身的定位，诊断网站现状和行业市场竞品表现，对受众进行用户研究和分析，确定网站的定位策略。根据网站目的进行网站整体架构设计，为不同需求设置有效、清晰的功能结构，并以用户的良好体验进行了易用性布局和交互流程设计。

3. 功能

（1）提供图书（电子书+纸质书）网上交易和管理等全过程的服务。

（2）实现图书分类和展示：将所有纸质书、电子书划分为不同类别，用户根据需求选择；每一种图书都有详情页，详细介绍该书的基本情况、用户评价。

（3）实现商品的购买和支付：这一功能涉及我的购物车（将商品加入购物车、在购物车结算、修改购物车里的信息），填写订单（选择收货地址、支付方式），完成订单（提交订单后的支付页面），支付结果（包括支付成功、支付失败）。

（4）个人中心，实现用户的注册、登录，个人资料修改，查看订单详情和已买商品。

（5）交流分享：24H 图书商城设置了"社区""话题"频道，用户可以在这两个频道分享自己购书读书的心得体会；在每种图书详情页设置了评论功能，也可以实现用户的分享交流。

（6）宣传推广：首页、结算页面有"新书上架""活动""猜你喜欢"实现图书的宣传推广。

6.2.3 麦书图书商城

图 6-23 为"麦书图书商城"首页。

图 6-23 "麦书图书商城"首页

1. 设计理念

网站名称"麦书",一语双关,一是告诉每个浏览该网页用户,该网站是一个卖书网站;二是指该网站书目像麦子一样多。希望每个浏览的用户都能找到自己想要的书。网站的色调采用浅浅的橘黄色,是小麦收获时的颜色,象征"丰收",代表的是精神上的"丰收"。

2. 设计方法

该网站模仿已有的成品卖书网站——当当网,借鉴其精华部分,再润色以新的想法和小组件。全网站一共12页,分别是首页,搜索页,注册/登录页,banner活动页,预售/图书内容页,商品展示页,个人中心页,我的订单(电子订单、纸书订单),收藏页,购物车页,填写订单/完成订单,支付页面(成功或失败)。

3. 产品功能

该网站负责售卖电子书和纸质书,供用户浏览。图书产品展示以及购买流程,提供检索、登录、查看内容、购买、支付等多方面内容。

6.3 知识库网站

此项目为经过数字出版全流程软件及产品经理培训后,北京印刷学院学生作品。学生在经过系统培训后,分成若干个学习小组,进行实战训练,做出新闻传播学大辞典数据库产品。其部分页面如图6-24、图6-25所示。

图6-24　新闻传播学大辞典首页

图6-25　新闻传播学大辞典作者页

本书出版得到北京（山东）斯麦尔数字出版技术有限公司的大力支持。该公司为本书提供了大量案例。北京（山东）斯麦尔数字出版技术有限公司是一家为全国新闻出版行业向互联网转型提供集数字内容标准建立、数据加工转换、数字产品策划设计、技术平台软件开发、人才互联网+实战培训于一体的高新技术企业。

●数字内容标准：公司是中央文化企业数字化转型数字内容加工标准制定单位、国家新闻出版广电总局电子书标准委员会成员单位、全国出版物发行标准化技术委员会成员单位，协助几十家出版机构建立数字出版标准。

●数据加工转换：公司为全国大部分出版机构，如中国出版集团、中国外文局、中国少年儿童新闻出版总社青少年快乐阅读平台等近百家出版机构提供从纸书排版文件到XML的数字化转换工作；为多看、掌阅、阅文、京东、当当、亚马逊、移动/联通/电信三大阅读基地等多家电商代工电子书制作。

●数字产品策划设计：公司协助出版机构策划诸如中国历史地名数据库、中国中医药材数据库、叮叮阅读APP、中国外交U盘产品等十几种数字产品。

●技术平台软件开发：公司开发的软件有数字资源转换平台（蒙太转换XML系统、Indesign转换XML系统、书版转换XML系统、OCR识别系统），数字内容制作平台（电子书制作系统、数据库制作系统），中央厨房（资源采集系统、资源管理系统、版权保护系统、资源发布系统），融合出版平台（工作流管理系统、协同编撰系统），知识服务平台（主题词表系统、本体管理系统、大数据组件系统、知识服务发布系统），运营平台（原创文学系统、众筹出版系统、自助出版系统、按需印刷系统、数字图书馆系统、阅读系统、电子商城系统），移动端服务平台（移动书城APP、新闻APP、微阅读、U盘开发、微信开发）。

北京（山东）斯麦尔数字出版技术有限公司是中央文化企业数字化转型升级项目入围商、国家新闻出版广电总局-知识服务技术企业入围商、全国新闻出版企业数字化转型升级技术服务商。

● 人才互联网+实战培训：公司在项目开发中与新闻出版机构深入合作，如与重庆出版集团、武汉出版集团、宁夏石嘴山传媒集团等单位合作，将出版机构的编辑记者与公司的技术开发人员组成一个团队，在项目开发实战中，将编辑培训成为互联网产品经理，使得编辑可以根据出版机构的内容设计出符合网络用户需求的互联网产品；同时，公司定期举办的"全国高等院校数字出版实训班"为全国众多数字出版专业教师提供互联网+培训；公司常年为北京印刷学院等院校编辑出版专业学生提供数字出版实训课程。

互联网技术发展日新月异，受出版周期限制，本书中的案例将会实时更新，获取更多内容请关注以下网站：www.chinaxml.cn；www.beijingxml.com。